KB075216

누구나 따라 쓸 수 있는 첫 책쓰기

누구나 따라 쓸 수 있는
첫 책쓰기

초판 1쇄 발행 2019년 4월 10일

지은이 남낙현
발행인 송현옥
편집인 옥기종
펴낸곳 도서출판 더블:엔
출판등록 2011년 3월 16일 제2011-000014호

주소 서울시 강서구 마곡서1로 132, 301-901
전화 070_4306_9802
팩스 0505_137_7474
이메일 double_en@naver.com

ISBN 978-89-98294-57-1 (03320) 종이책
ISBN 978-89-98294-58-8 (05320) 전자책

도서출판 더블:엔은 독자 여러분의 원고 투고를 환영합니다. '열정과 즐거움이 넘치는 책'으로 엮고자 하는 아이디어 또는 원고가 있으신 분은 이메일 double_en@naver.com으로 출간의도와 원고 일부, 연락처 등을 보내주세요. 즐거운 마음으로 기다리고 있겠습니다.

누구나 따라 쓸 수 있는 첫 책쓰기

남낙현 지음

더블:엔

쓸거리를 '발견'하면 누구나 쓸 수 있다!

"사랑하는 아내가 원고지 한 장 대신 써줄 수 없고,
사랑하는 아들도 마침표조차 대신 찍어줄 수 없는 게 글쓰기다."

김대중 노무현 두 대통령의 연설문을 작성했던 강원국 작가의 책
《대통령의 글쓰기》에 나오는 조정래 작가의 말이다. 그렇다. 누
가 대신 써줄 수 없는 게 글이고 책이다. 나 자신만이 할 수 있는
것이기에 많은 사람이 책을 쓰고 싶은 마음을 품는지도 모른다.

"쓸 수 있을까요?"
"어떻게 써야 하나요?"
책쓰기 수업 첫 시간, 수강생들이 제일 많이 하는 질문이다. 이
두 질문의 해결책을 찾아야 한다. "쓸 수 있을까요?"라는 질문에
는 책을 쓰겠다는 내 마음을 발견하면 답이 나온다. "어떻게 써
야 하나요?"는 책쓰는 요령을 발견하면 된다. 이 해답에서 공통

된 단어는 바로 '발견'이다. 책쓰기는 쓰고 싶은 마음과 쓸 수 있는 주제를 발견하면 시작된다. 그리고 쓰는 요령을 발견하면서 완성할 수 있다.

"글을 잘 쓴다는 소리는 듣는데, 책을 쓸 엄두는 나지 않아요"라는 말도 자주 들려온다. 독서를 많이 하고, 글을 잘 쓰는 사람이 책쓰기도 잘할 거라는 편견은 책쓰기 수업을 하면서 철저히 깨졌다. 오히려 글재주는 부족해도 남들이 갖지 못한 독특한 경험이 있는 사람들이 책을 썼다. 써야 할 것을 발견하면 글은 쓸 수 있다.

누구나 책을 쓸 수 있는 시대다. 그러나 실제 책을 쓰는 사람은 아주 소수다. 나는 책쓰기 수업을 진행하며 이 문제점을 풀어낼 수 있었다.

책은,
쓰겠다는 마음을 발견하면 시작된다.
나만의 유일한 주제를 발견하면 시작된다.
주제를 풀어낼 기획을 발견하면 시작된다.
글로 어떻게 풀어쓸까를 발견하면 시작된다.

책쓰기를 가능하게 하는 힘은 '발견'에서 나온다. 가르치는 것
이 가장 강력한 배움이라고 했던가. 첫 책쓰기 수업 때 참여자는
단 두 명이었다. 운 좋게 모두 원고를 쓰고 출간까지 하는 경험
을 했다. 나 또한 함께 원고를 쓰고 책을 출간했다. 어설프게 시
작한 책쓰기 수업이었지만, 그 이후 네 번의 기수와 만나고 가르
치며 배운 경험을 이 책에 담았다.
이 책에는 '책을 출간하면 인생이 바뀐다' 라는지 '책은 강력한
퍼스널 마케팅 수단이다' 라는 내용은 없다. 책을 쓴 후 결과에

집중하는 내용도 모두 뺐다. 그보다는 첫 책쓰기가 막연한 사람이 발견을 통해 원고를 채워나가는 내용에 집중했다. 스스로 기획하고, 본문을 쓰고, 출간하기 위해 어떻게 해야 하는지, 첫 책쓰기를 하면서 맞닥뜨리는 어려움을 해결해주는 것에 방점을 두었다.

책쓰기 수업을 하면서, 주변에 책을 쓰고 싶어 하는 사람이 무척 많다는 것을 알게 되었다. 그런데 "책 한번 써보세요"라고 권하면 "에이, 제가 어떻게 써요?"라며 손사래를 치며 자신과 먼 이야기라고들 했다. 이 틈을 좁혀보고자 이 책을 썼다. 발견할 수만 있다면 누구나 책쓰기를 시작할 수 있다.

"책쓰기는 언제나 발견에서 시작할 수 있고, 발견에서 완성할 수 있다."

CONTENTS

제1부

기획하기

시작하는 힘

제2부

본문쓰기

경험을 글로 풀어내는 순간 우리는 작가가 된다

제3부

출간하기

작가는 원고로 말하고, 편집자는 책으로 말한다

책,
쓰고 싶다
따라 쓰고
싶다

———

001

—
책,
쓰고 싶다
—

"전 책 쓸 생각이 없어요!"

책쓰기 수업 첫 시간, 자신을 소개하는 자리에서 한 수강생이 한 말이다.

이 말은 수업시간 내내 내 머릿속에 맴돌았다. 의외였다. 수업에 참여하는 사람들 대부분이 책을 쓰겠다는 결심을 하고 온다. 그런데 책쓰기를 할 마음이 없다면서 왜 강의를 들으러 온 걸까?

책쓰기 수업을 시작할 때 처음에는 항상 '쓸 메시지가 무엇인지' 주제에 관해 설명한다. 주제가 없으면 책을 쓰고 싶어도 쓸 수 없기 때문이다. 그런데 주제를 발견하기 전에 책을 쓰고 싶은 마음을 먼저 발견해야 한다는 것을 가르쳐야 하는 상황이 되고 말았다.

_ 산행을 닮은 책쓰기

책을 쓴다는 것은 산을 오르는 것과 많이 닮았다. 등산가의 눈에 만년설이 덮인 에베레스트 산이 들어오는 순간 꿈이 자라기 시작한다. 에베레스트 정상에 오른 모습을 상상하며 열심히 체력을 키우고 정보와 자료를 수집한다. 준비를 마치고 드디어 산 아래에 베이스캠프를 친다. 산의 환경에 적응하며 내가 오를 루트를 계획하고, 곳곳에 있지만 눈에는 보이지 않는 크레바스(빙하가 갈라져서 생긴 좁고 깊은 틈)의 위험도 겪는다. 고도가 높아질수록 산소도 희박해진다. 도전할 것인가? 포기할 것인가? 에베레스트 정상, 그곳은 포기를 모르는 도전자만이 설 수 있다.

책쓰기는 어쩌면 에베레스트 산을 오르는 것과 비슷한 과정을 거친다. 산은 한 걸음씩 걸어서 올라가고, 책쓰기는 한 글자씩 종이에 새기며 완성해간다. 방법이 다를 뿐, 포기하지 않고 도전하겠다는 마음이, 원하는 정상에 설 수 있게 하고, 책을 완성할 수 있게 한다.

"고개를 들어야 정상이 보인다."

첫 책쓰기 수업 때 "전 책 쓸 생각이 없어요!"라는 말을 들었던 순간으로 돌아가 생각해보았다. 내 이름으로 된 책을 쓰겠다는 생각을 하는 것은, 산 정상을 바라보는 것과 비슷하다. 산 정상은 고개를 들어야 볼 수 있다. 사소해 보이지만 이러한 작은 행동이 "아! 웅장하다!" 라는 탄성과 함께 정상에 오르고 싶다는 꿈이 생기게 한다. 그러나 고개를 들지 않는다면, 정상이 아닌 땅만 보게 된다. 꿈을 가질 수 없다. 책쓰기도 마찬가지다. '책, 쓰고 싶다' 하는 내 마음을 먼저 발견하기 전에는 책쓰기를 시작할 수 없다.

내가 책을 쓰고 싶은 마음을 처음으로 발견한 것은 독서를 시작한 지 3년쯤 되었을 때였다. 한창 책 읽는 재미에 빠져 매일 책을 읽을 때였다. 독서는 그야말로 일상이었다. 읽기만 하다 보니 머릿속에 맴도는 생각이 많아졌다. 눈으로 보는 것만으로는 지루해 감상문도 쓰고 좋은 문장을 필사하기도 했다. 그러나 계속 허기가 졌다. 책을 읽기만 하는 건 맹물을 마시는 것 같은 느낌이 들 무렵이었다. 문득 '나도 책을 쓸 수 있지 않을까?' 하는 생각이 들었다. 이것이 첫 책을 쓰게 된 계기였다. '3년간 독서한 것을 책으로 써보자.' 어떻게 쓰는지 잘 모르지만 중요한 건 '책, 쓰고 싶다'라는 마음을 발견했다는 사실이었다.
책을 쓴다는 것은, 책을 많이 읽고 글쓰는 연습을 많이 한다고 되는 게 아니었다. 그러나 독서와 글쓰기를 하는 과정에서 책을 쓰고 싶은 마음이 생기는 경우가 많다. 여하튼 책쓰기는 '책쓰고 싶다'는 마음을 발견해야 할 수 있다. 그러니 먼저 책을 쓰고 싶은 자신을 발견해야 한다. 무슨 일이든 결심의 강도가 그것을 실천하게 하고, 꾸준히 유지하는 것에 영향을 준다. 책쓰기도 마찬가지다. '책, 쓰고 싶다!' 이 생각을 발견해야 비로소 책쓰기가 시작된다.

_ 책쓰기의 출발점, 용기

'책을 쓰고 싶다'라는 마음은 사실 막연할 수도 있다. 굳은 각오로 되는 일도 아니다. '그래, 나도 내 이름으로 된 책 한 권을 쓸 거야!' 하는 마음은 용기를 가질 때 가능하다.

데이비드 호킨스 박사가 쓴 《의식 혁명》이라는 책이 있는데, 사람의 의식을 수치로 측정해놓은 부분이 아주 인상적이었다. 사람의 의식을 어떻게 측정한단 말인가? 우리는 '저 사람은 의식이 높네' '저 사람은 행동하는 걸 보니 의식이 떨어지네'라는 말을 곧잘 한다. 그런데 막상 의식수준이 높은가 낮은가 물으면 답하기가 어렵다. 이 책에서는 근육테스트기법을 통해 의식을 0부터 1000까지의 수치로 측정해놓았다. '용기'는 수치 200으로 측정되는데, 이 점이 의식을 향상하는 첫 번째 임계점이다. 용기 아래의 의식으로는 수치심(20), 무기력(50), 두려움(100), 자존심(150) 등이 있다. 용기 아래의 수준에서는 스스로 의식을 올리기가 어렵다. "난 이제 더 이상 못해. 내 한계야. 될 대로 되라지 뭐." 책에서 인용한 무기력(50) 수준이다. 이런 의식에서는 책을 쓰겠다는 결심을 하기도 어렵다.

핵심은 첫 번째 임계점인 용기(200) 수준에서는 스스로 의식을 향상할 수 있다는 사실이다. 용기를 가지면 긍정의 감정을 갖게 되고, 행동하게 되고, "넌 잘 할 수 있어"라는 말도 하게 된다. 용기 위의 의식에는 중용(250), 자발성(310), 포용(350), 이성(400), 사랑(500), 기쁨(540), 평화(600), 깨달음(700)이 있다. 용기 위의 의식들은 단어만 봐도 기분이 좋아진다. 의식 수준에 따라 책을 쓰고 싶은 마음을 갖는 데 영향을 준다면, 한번 생각해볼 만하다. 중요한 것은 '책을 쓰고 싶다' '책을 써야겠다'는 결심을 하는 데도 최소 용기 이상의 의식이 필요하다는 점이다.

책쓰기를 시작할 때 우리를 힘들게 하는 것은 막연함이다. 한 권의 책을 베껴 써보는 것도 어려운 일인데 내 생각을 창의적으로 한 권 분량으로 써내야 한다니, 겁부터 날 수도 있다. 독한 마음을 먹고 억지로 쓰려고 해도 독자들에게 전할 주제가 떠오르지 않는다. 책을 쓰기도 전에 앞으로 펼쳐질 일들을 생각하면 머리가 아프다. 책을 쓰는 것은 1~2주 열심히 글을 써서 완성할 수 있는 작업이 아니다. 최소 2~3개월 꾸준히 원고를 써야 가능하다. 강의 첫날 "전 책 쓸 생각이 없어요"라고 말한 분의 심정도 이해가 간다. 책쓰기의 시작점은 그저 내 책을 써보겠다는 '용기'를 갖는 것에서 출발한다. 어떤 계기가 있든 핵심은 쓰려는 용기를 가질 때 가능하다는 것에는 변함이 없다.

사마천의 《사기》에서 조고는 "결단을 내려 행하면 귀신도 피해 간다"고 했다. 책쓰기를 가능하게 하는 것은 '결심'이다. 《의식혁명》의 말을 빌리자면 '용기' 이상의 의식을 가질 때 가능하다. 그렇다면 용기를 어떻게 가져야 하는가? 답은 간단하다. 용기는 '자각(自覺)'에서 생겨난다. 스스로 그것을 깨닫고, 알고 있을 때, 의식향상이 가능하고 용기를 가질 수 있다.

결국 '책, 쓰고 싶다'라는 마음은 스스로 용기를 내야만 생긴다. '책을 어떻게 써야 하는가?'는 쓰면서 해결할 문제다. 책쓰기를 하고 싶다면 맨 처음 '용기'를 발견해야 한다. '나는 책을 쓰고 싶다. 쓸 것이다'라는 용기를 내는 순간, 비로소 책쓰기가 시작된다.

책,
따라 쓰고 싶다

—

책을 한번 써보자! 결심하고, 스스로 용기를 가지면 책쓰기를 시
작할 수 있다. 더 복잡한 설명은 필요하지 않다. 그리고 나서 '어
떻게 책을 쓸 수 있을까?' 질문을 던지면 된다. 책쓸 능력이 부
족해도 상관없다. 그보다 먼저 쓰고 싶은 마음을 발견하고 용기
를 내보는 것이 더 중요하다. 아무리 위대한 등반가라도 고개를
들어 산을 바라보지 않고 그 산에 오르려 마음먹는 사람은 없다.
책쓰기도 마찬가지다. 용기를 내서 '첫 책을 한번 써보자' 마음
만 먹으면 된다. 쓰다가 중도에 만나게 될 힘든 일은 그 뒤에 걱
정할 일이다.

에베레스트를 오르는 여정에는 길을 개척하는 일도 필요하고,
위험지대를 잘 빠져나가는 지혜도 필요하다. 너무 무리하지 않
고 산을 오르는 연습도 필요하다. 산을 오르는 과정에서 한 단계

를 생략하고 정상으로 나아갈 수 없듯이, 책쓰기도 마찬가지다. 순서대로 하나씩 어려운 점에 부딪치더라도 해결점을 발견하려고 노력하며 단계별로 나아가야 한다.

이 책은 책쓰는 순서대로 구성했다. 그러니 첫 책을 쓰려는 독자 여러분은 단계별로 무엇을 발견해야 하는지 알고 적용하며 책쓰기를 완성해가면 된다.

_ 실천을 꾸준하게, 실행하라

책을 쓰겠다는 결심을 했다면 당연히 실천이 뒤따라야 한다. 매일 글을 쓰며 원고를 채워나가는 것이다. 이민규 교수의《실행은 답이다》를 보면 실행에 대해 자세하게 설명하고 있다. 실행은 결심과 실천 그리고 유지로 이루어져 있다. 우리는 대부분 책을 읽고 실천을 하는 것이 중요하다고 생각한다. 그러나 실행을 엄밀히 나눠 자세히 들여다보면 이렇다. 결심하고 그것을 실천한다. 그러나 실천이라는 게 하루이틀 하는 것으로 끝나면 그것을 실행하고 있다 할 수 없다. 그 뒤에 생략된 것이 바로 '유지'다. 실천은 실행의 일부분이다. 실행은 결심, 실천, 유지 이 3박자를 갖추었을 때 가능한 것이다.

"실행 = 결심+실천+유지"

실행을 책쓰기에 대입해보자. 매일 글을 쓰는 것은 실천보다 유지에 가깝다. 그것을 지속해야 하는 점에서 말이다. 책쓰기에 있어서 실천은 매일 글을 쓰는 것과 더불어 '기획'으로 이루어진다. 즉, 주제를 발견하고, 제목을 만들고, 목차를 짜는 것이라고 할 수 있다. 산행으로 비유하자면, 베이스캠프를 치고, 루트를 계획하며 산에 오를 준비를 끝내는 것과 비슷하다.

책쓰기는 실행의 세 가지 요소를 모두 갖추고 있어야 한다. 결심(책을 쓰고 싶다는 용기)과 실천(기획) 그리고 유지(매일 글을 쓰며 원고를 완성), 이 세 가지를 차근차근 실행하면 결국 멀게만 느껴졌던 '세상에 유일한 나만의 책'을 쓸 수 있다. 다른 방법은 없다. 중간 과정을 생략하면서 산을 오를 수 없듯이 책쓰기도 마찬가지다. 한 걸음 한 걸음을 통해서만 정상에 오를 수 있는 간명한 진실 앞에서 요행은 없다. 급한 마음에 휘둘려 책을 쓰려는 욕심에 지쳐 미리 포기해버리면 안 된다. 한 단계씩 순서대로 실행해가면 된다. 결심하고, 실천하고, 완성할 때까지 유지하는 과정을 통해 책쓰기는 가능하다. 그러기에 한두 번 실천한 것에 만족하지 말고 곰처럼 우직하게 꾸준히 글을 써야 한다.

_ 질문의 위대한 힘

책쓰기는 '힘들다' → '즐겁다.'
책쓰기는 '아무나 할 수 없다' → '누구나 할 수 있다.'
생각을 반대로 바꾸는 방법이 없을까? 있다. 바로 '질문'이다.
답이 없어 보이는 것도 질문에 따라 답이 생기기도 하고 다른 답
으로 바뀔 수도 있다. 이것이 질문의 위대한 힘이다. 다른 답을
찾으려면 질문을 다르게 해야 한다.

"질문이 답을 바꾼다."

독서에 3년 정도 푹 빠져 있을 때의 일이다. 그때는 책을 읽으면
서 정리를 하거나 감상평을 기록하지 않았다. 그냥 열심히 재미
있게 읽기만 했다. 밑 빠진 독에 물붓기식의 독서였다. 10권, 20
권을 읽을 때는 잊어버리면 다시 읽어도 되었지만, 100권을 넘기
고 500권, 1000권이 넘어서면서는 전에 읽었던 책 제목도 생각나
지 않았다. 딱 그 시기에 첫 책을 썼다. 이때 나에게 스스로 던진
질문이 있었다.
"독서노트를 책처럼 써보면 어떨까?"
이 질문이 조금씩 바뀌어 '3년간의 독서경험을 한 권의 책으로 써

보자'로 변했다. 책을 쓰는 게 '가능할까?'가 아니었다. 장난처럼 시작했고, 쓰다 안 되면 근사한 독서노트 하나는 얻을 수 있다는 생각이 들었다. 결과보다, 어떻게 책을 써야 하는지? 저자의 입장에서 글을 쓰면 재미있겠다는 생각으로 시작했다.

질문에 대한 답으로 독서경험을 써보자는 생각을 하니, 책을 못 쓸 이유가 없었다. 쓰다 안 되면 말자, 남 눈치 볼 것도 없다, 생각하니 원고 쓰는 게 부담스럽지 않았다. 오히려 질문을 즐기며 쓸 수 있었다. 그렇게 책쓰기를 시작했다. 중간에《48분 기적의 독서법》을 쓴 김병완 작가를 만나 책쓰는 요령을 배워 책을 출간하는 경험도 했다. 나의 첫 책을 쓴 출발점은 엉뚱한 질문 하나에서 시작되었다. "독서노트처럼 책을 써볼 수 있을까?"라는 질문이었다. 그 질문은 '3년간의 독서경험을 한 권의 책으로 써보자'로 이어졌다.

이처럼 질문에 따라 책을 쓸 수도 있다. 장난처럼 책쓰기에 접근한다고 해서 꼭 나쁜 것만은 아니다. 오히려 더 자유로운 책쓰기 길로 안내해줄 수도 있다. 출간을 목적으로 한 질문이 아니라면, 출판사와 계약하는 것에 신경 쓸 이유도 없다. 첫 책을 쓰는 사람들은 질문의 힘을 잘 이용할 줄 알아야 한다.

책쓰기 수업의 첫 시간에는 대부분 수강생들이 잔뜩 긴장해 있다. 뭘 쓸까, 잘 써야지, 하는 생각에 스스로 위축되어 있기도 하다. 그러나 이내 힘이 풀어진다. 오히려 될 대로 되라는 식의 태도로 변한다. 길이 보이지 않기 때문이다. 에베레스트를 먼 발치에서 볼 때는 고개를 들기만 해도 정상이 보인다. 그러나 산의 품에 들어가면 오히려 정상을 볼 수 없다. 이젠, 한 걸음씩 올라갈 일만 남은 것이다. 그러니 뛰어도 소용없다는 걸 안 순간부터 오히려 편해진다. 책쓰기는 서두른다고 해서 빨리 완성되는 것이 아니다. 한 걸음씩 묵묵하게 가야 한다. 가다 길이 막히면 뚫고 가는 지혜를 발견해야 한다. 또 뚫고 갈 수 없을 때는 질문을 통해 우회하는 법도 알아내야 한다.

_ 목적에 따라 달라진다

책쓰기가 수단으로 변하면 그 범위에서 벗어날 수 없다. 누구나 책을 쓰면 출간을 하고 싶어지는 게 당연한 마음이다. 그러나 출간만이 목적이 되면 안 된다. 출판사와 계약을 통한 출간이 최종목적이거나 자신의 마케팅 수단으로만 쓴다면 함정에 빠질 수 있다. 목표가 출간에만 있으면 그 올가미에 걸려 '어떡하면 출판사와 계약을 할 수 있을까?'에 집중하게 된다. 책을 쓰는 것은 나 자신의 유일한 경험을 세상에 외치는 것이다. 오롯이 나의 개성이 묻어 있을수록 더 차별화되고 독창적이 된다. 문체도 마찬가지다. 좋아하는 작가의 글을 닮고 싶다고 해서 자꾸 따라 하는 게 꼭 좋은 것만은 아니다. 오히려 나만의 개성이 묻은 글을 자꾸 써보는 게 더 좋다.

책쓰기는 목적에 따라 자유로워질 수도 있고 얽매일 수도 있다. 글을 쓰는 것 자체에 목적을 두면 그것의 의미로 쓰이게 된다. 나의 창조물을 통해 누군가 한 명이라도 행복해지길 바란다면 그 목적이 책을 쓰는 원동력이 된다. 출간과 베스트셀러가 되는 것만을 목적으로 하면 힘들어진다. 그만큼 인기에 연연하게 되고 눈치 보는 글을 쓸 수밖에 없다.

책쓰기는 어떤 수단이 아닌 그 자체를 목적으로 하는 것이 좋다. 출간도 좋고 퍼스널 마케팅도 좋다. 책을 출간하고 인생이 변한다는 말에 취해도 좋다. 하지만 책을 쓰는 동안 이런 것들에 매이면 오히려 함정에 빠질 수 있다. 좋은 열매를 얻기 위해서 그것을 키우고 정성을 들이는 게 먼저다. 출간이나 그것으로 인해 무언가를 얻으려 하는 게 우선 목적이라면 잘 익은 열매만 따 먹겠다는 것과 같다. 명확히 내가 목적하는 것이 무엇인지에 따라 책쓰기가 달라질 수 있으니, 이 점을 명심해야 한다.

작가의
시선

———

0 0 2

소비자의 시선
vs. 생산자의 시선

책쓰기를 시작하면 작가란 단어가 더 생소하게 느껴진다. 내가 저자가 되어 글을 쓰는 것도 어색하다. 왜 아니겠는가? 그동안 독자로서 책을 읽고 생각해왔는데 그 일상에서 벗어나 반대로 독자를 바라보는 작가의 시선을 가져야 하니 말이다. 180도 시선을 바꿔 바라보는 일이 처음부터 쉬울 수 없다.

나는 책쓰기 수업 때 이 두 가지 시선을 '소비자와 생산자의 시선'이라는 표현으로 비유한다. 우리는 사과가 먹고 싶을 때 마트로 간다. 그곳에는 사시사철 신선한 과일이 깔끔하게 정리되어 소비자를 기다리고 있다. 벌레 먹은 흔적이 있거나 못생긴 사과는 보이지 않는다. 신선하고 잘 익은 사과만이 진열되어 있다. 기후변화로 사과가 잘 익지 않거나 벌레가 생기는 것을 우리가 걱정할 필요 없다. 태풍에 열매가 떨어지는 것도 걱정할 필요 없다. 마트 안에 들어가면 비가 오거나 벼락이 쳐도 마음 편하게 사과를 고를 수 있다. 우리가 마트에서 바라보고 구입하는 사과는 철저히 소비자의 시선에서다. 그러나 장소를 바꾸어 농부의 눈으로 본 사과는 진열장에 가지런히 진열된 상품이 아니라 밭에서 자라는 열매다. 농부의 눈, 생산자의 눈으로 바라보는 것. 이것이 작가로서 글을 쓰는 시선이다.

작가가 되어 글을 쓰는 것은 책을 읽는 독자와 정반대의 작업이다. 사과를 사러 마트에 가던 소비자의 시선에서 밖으로 나와 사과나무를 키우는 농부가 되는 일이다. 작가는 농부의 시선으로 사과나무를 바라보는 시선을 가져야 한다. 이제 바라보는 세상이 완전히 달라진다. 비가 오면 비를 맞고 바람이 불면 그것을 이겨내려 안간힘을 쏟는 사과는 벌레의 공격도 이겨내야 한다. 농부의 시선으로 사과를 바라보면 사과 꽃이 피고 벌들이 날아들고 열매가 맺는 것을 볼 수 있다.

"저게 저절로 붉어질 리는 없다
저 안에 태풍 몇 개
저 안에 천둥 몇 개
저 안에 벼락 몇 개"

장석주 시인의 시 〈대추 한 알〉에 나오는 내용이다. 시인은 대추 안에 태풍이, 천둥이, 벼락이 들어 있는 걸 본다. 마트에서 소비자 입장에서 사과를 사던 시선으로는 발견할 수 없는 세계다. 농부의 시선으로 바라보고 옮겨 적는 것이 작가가 할 일이다. 책쓰기를 하는 과정에서 특히, 첫 책을 쓰는 사람은 이 바뀐 시선에 약간 두렵기도 하고 어색하기도 할 것이다. 이제 잘 익어 마트에 보기 좋게 진열되어 있는 상품이 아닌, 열매가 자라는 과정을 글로 옮겨야 할 때다.

"작가에게는 생산자의 관점이 필요하다."

아무리 많은 책을 읽고 경험했다고 해도 작가로서 글을 쓰는 일은, 내 안에 있는 유일한 것을 끄집어내는 또 다른 작업이다. 독자는 작가가 쓴 책을 얼마나 잘 해석하고 소화할지를 고민하며 책을 읽는다. 작가는 만들어져 있지 않은 것을 창조한다. 처음부터 쉬울 리 없다. 책을 쓰려고 마음을 먹었다면, 이제 생산자와 소비자로 바라보는 시선의 차이를 발견해야 한다. 여기서 시작하면 책쓰기의 막연함에 대한 틈을 좁힐 수 있다.

작가와 독자를
동시에 경험하는 책쓰기

필자가 진행하는 책쓰기 수업에는 작가와 독자를 번갈아가며 바라보는 시간이 있다. 책쓰는 이야기를 할 때는 작가가 되고, 들을 때는 독자가 되어, 서로 처지를 바꿔보는 것이다. '작가와 독자를 동시에 경험하는 책쓰기'다. 처음에는 다들 이 시간을 낯설어 한다. 작가 관점에서 말할 때와 독자 관점에서 말할 때를 구분하는 게 어색하기 때문이다. 그러나 시간이 지날수록 두 시선을 넘나들면서 달라지기 시작한다. 발표자는 철저히 작가의 관점에서, 듣는 사람들은 철저히 독자 관점에서 말하기 시작한다.

책쓰기 수업에서 한 참가자가 '입양인식 변화'라는 주제를 발견했다. 가제목을 〈반쪽 눈썹〉이라고 정했고, 자신이 쓸 책 소개를 하고 작가 관점에서 말한다.

작가 입장에서 발표하는 사람.

"주제는 입양인식 변화입니다. 직접 아이를 입양하고 함께 지내보니 다르지 않았습니다. 처음에는 걱정도 되었지만, 아이와 서로 살 부대끼고 살아보니 특별한 어려움이 있지 않았습니다. 이 경험을 진술하게 이야기해주고 싶습니다. 입양에 관해 궁금한 분이나, 잘못된 선입견을 품고 있는 사람들을 위해 이 책을 쓰게 되었습니다."

나머지 참가자는 모두 독자의 입장으로 듣는다. 한 사람씩 독자 관점에서 이야기한다.

"제 나이가 마흔입니다. 입양을 생각해본 적이 있습니다. 관심이 가는 주제이고, 아이와 지내는 일과 입양 관련 정보에 관심이 있습니다."

"전 아직 결혼할 나이가 되지 않아서 그런지 관심 가는 주제가 아닙니다."

이때 작가 관점에서 말한 사람은 독자의 반응을 살펴보고 스스로 판단한다. 주제에 관심 있는 사람은 무엇을 더 알고 싶은지 그의 관심과 고민은 무엇인지 살펴본다. 한편 주제에 관심이 없는 사람을 통해서는 자신의 핵심 독자가 어떤 사람들인지 판단하는 근거로 참고한다.

책쓰기 수업 시간마다 작가와 독자를 동시에 경험하는 시간을 자주 갖는다. 이 시간을 통해 작가와 독자의 시선을 동시에 넘나들며 경험해본다. 처음에는 많이 어색해하고, 헷갈리기도 한다. 독자로서 말해야 하는데 자신도 모르게 조언을 하는 경우도 있다. 하지만 시간이 흐를수록 두 시선의 차이를 체험하며 자연스러워진다. 처음에는 관심 없어 하는 독자에게 작가의 입장에서 자신의 책을 이해시키려 하기도 한다. 그러나 시간이 흐르며 작가와 독자가 바라보는 시선을 경험하면서 판단한다. 아무리 좋은 주제라도 관심이 없는 독자에겐 선택받을 수 없다는 걸 깨닫는다.

"작가와 독자의 시선을 넘나드는 입체적 사고"

이 교차하는 시선을 경험하면서 책을 더 지신 있게 써나갈 수 있다. 또, 작가는 누구의 도움을 받는 게 아니라, 스스로 모든 것을 판단해야 한다는 것을 경험한다. 작가와 독자를 동시에 경험하는 시간에는 서로에게 충고하지 않는다. 조언도 하지 않는다. 한 사람의 작가와 독자로서 입장을 바꿀 때마다 서로 느낀 것을 이야기해줄 뿐이다. 독자가 작가 관점에서 이야기를 해주면 오히려 작가의 작업을 방해하는 효과가 발생한다. 독자 입장에 충실해서 말해주면 된다. 사과의 예를 들었는데, 생산자 시선으로 바라볼 때는 사과나무가 있는 곳에 서 있어야 한다. 소비자의 시선으로 바라볼 때는 마트에서 사과를 고르는 입장에 있어야 한다. 작가와 독자의 시선을 함께 경험하면 입체적인 생각을 할 수 있다. 두 시선을 교차하는 경험을 하면 책쓰기가 한결 쉬워진다.

책쓰기를 하려면 생산자의 관점으로 바라보아야 한다. 누구에게 의지하거나 의견을 전해 들어 쓰는 글이 아니라 나 자신에게서 나온 것을 써야 한다.

글쓰기와
닮은 듯 다른
책쓰기

―――――

0 0 3

글쓰기와
책쓰기의 분량

책쓰기와 글쓰기의 다른 점은 무엇일까? 이 둘은 비슷한 것 같으면서도 다르다. 쉽게 구분해보자. 책쓰기와 일기의 다른 점은 무엇일까? 이 질문에는 쉽게 답할 수 있을 것이다. 제일 큰 차이를 보면, 책쓰기는 독자가 있는 쓰기의 형태이고 일기는 나 자신이 독자라는 것이다. 책쓰기와 글쓰기의 다른 점은, 독자가 있느냐 없느냐, 목차가 있느냐 목차가 없느냐로 나눠볼 수 있을 것이다.

책쓰기와 글쓰기의 다른 점을 들라면 나는 제일 먼저 '분량'을 말한다. 보통 글쓰기는 몇 분, 몇 시간, 긴 장문을 써도 하루나 이틀이면 완성할 수 있다. 그러나 책쓰기는 온종일 쓴다고 해도 완성할 수 없다. 조정래 작가의 《태백산맥》은 1983년 9월부터 월간 〈현대문학〉에 연재되고, 그 후 1989년에 장편소설(10권)로 완성되었다. 작가의 아내 김초희 시인은 그 치열함을 '먹고 자고 쓰고'라는 말로 표현했다. 조정래 문학관에는 《태백산맥》을 필사한 사람들의 원고를 진열해놓았는데, 그의 책을 필사하는 데도 몇 년 걸린다고 한다. 엄청난 시간과 분량이다. 그러니 글쓰기와 다른 점이 무엇이냐 물으면 나는 다른 차이보다 먼저 분량이라고 말한다. 첫 책을 쓰는 사람들은 기획단계에서 주제를 발견하고 목차 만드는 것도 어려워하지만 원고 분량을 채우는 것을 더 힘들어한다. 분량 채우는 일은 한 호흡에 할 수 없기 때문이다. 아무리 욕심을 내도 책쓰기에는 편법이 없다. 방법은 하나다. 꾸준함. 매일같이 미련하리만큼 쓰고 또 써야 한다. 이것이 쌓이고 쌓여야 세상에 단 하나뿐인 내 책이 탄생하는 것이다.

"꾸준함만이 분량을 해결할 수 있다."

책쓰기와 글쓰기의 다른 점은 꾸준함의 시간이라고 할 수 있다. 매일 꾸준히 나만의 글을 쓰는 것. 책은 엉덩이로 쓴다는 말이 있다. 글을 쓸 때 떠오르는 것이 많으면 감사하며 쓰면 되지만, 한 글자 쓰기도 힘들 때는 기어이 분량을 채울 때까지 써야 한다. 책쓰기와 글쓰기의 차이는 이것이나. 책을 쓰겠다는 각오만으로는 분량의 문제를 풀어가기 어렵다. 저자로서 책쓰기를 시작한다면 '꾸준함'은 반드시 필요한 항목이다. 한 권의 책을 통째로 필사해본 경험이 있다면 알게 될 것이다. 보고 쓰는 것도 어려운데 나만의 글로 한 권의 책을 쓴다는 것은 더 어렵다. 필사를 하든 내 책을 쓰든 목표를 완수하는 단 하나의 방법은 '꾸준함'이다. 책쓰기는 요령보다 매일 꾸준히 쓰는 과정에서 알아가고 배워나갈 수 있다. 결국 책쓰기는 그 어려움을 넘어설 때 비로소 다다를 수 있게 된다. 책쓰기는 요령에 앞서 '꾸준함'이 필요한 작업이다.

책쓰기를
방해하는 것

—

글쓰기는 연속성이 없어도 된다. 그러나 책쓰기는 '수적천석(水滴穿石)'이다. 물방울이 끊임없이 떨어지면 결국 돌에 구멍을 뚫는 것처럼 써야 한다. 긴 시간 한 주제를 가지고 글을 써야 한다. 책을 쓰기 시작하면 일상에서 특징적인 무언가가 생겨난다. 하루의 패턴이 단순해진다는 것이다. 매일 글을 쓰기 때문에 어느 특정 시간에는 자신도 모르게 책쓰기를 하게 된다. 글쓰는 시간이 저녁때인 사람은 그 시간을 방해받지 않으려 될 수 있는 대로 술자리나 모임을 피하게 된다. 자고 일어나면 에너지가 보충된다. 새벽이나 이른 아침에 쓰는 사람은 저녁에 잠자리에 일찍 들려고 노력하게 된다.

책쓰기를 도와주는 것은 단순함이다. 반대로 방해하는 것은 불

특정함이다. 특히 주변의 영향을 받으면 책쓰기는 힘들어진다. 회사에서 빠질 수 없는 회식으로 과음을 하게 되면 그다음 날 숙취로 인해 하루가 없어진다. 문제는 그것이 하루로 끝나지 않는 데 있다. 그다음 날은 꾸준히 글쓰는 패턴이 깨져, 다시 회복하기 위한 시간이 필요하다. 하루가 아닌 2~3일이 몽땅 날아가는 것이다. 거기에 다시 마음을 잡고 글쓰는 것에 적응해야 한다. 책쓰기를 방해하는 것은 이뿐 아니다. 피로도 한 몫 한다. 몸이 아프면 책쓰기가 중단된다. 피곤하고 몸이 아프면 만사 귀찮다. 생각도 제대로 할 수 없다. 그렇지 않아도 집중해야 하는데 오히려 반대가 되어버리니 글쓰는 게 힘들어진다.

책쓰기를 방해하는 요소는 생각보다 많다. 최대한 일상을 단순하게 만들어야 한다. 동선도 최대한 간결하게 하고 책을 쓰는 시간을 고정적으로 확보해야 한다. 복잡한 계획이 아니라 단순한 일상을 만드는 것이 최선이다. 이것이 책쓰기를 잘할 수 있는 방법이다. 단순함도 마찬가지다. 책쓰기를 시작하면 백지를 채우는 것에 모든 에너지를 쏟아야 한다.

_괴로운 책쓰기 vs. 즐기는 책쓰기

어쩌면 책쓰기는 완성보다 시작의 학문이다. 쓰고 싶은 마음을 발견하는 순간 닫혀 있던 문이 열린다. 쓰고자 하는 메시지를 찾으면 그 문은 더욱 활짝 열린다. 그리고 많은 시간을 투자해 꾸준히 쓰는 만큼 완성에 가까이 갈 수 있다. 그러나 쓰고 싶은 마음이나 메시지를 발견하지 못 하면 출발도 못 하면서 괴로운 책 쓰기로 변한다. 이때 오히려 힘을 빼보면 어떨까? 그저 시작을 해보자는 마음으로 메시지를 찾기 위한 글을 써보는 것이다. 쓰다 보면 많은 것이 떠오른다.

《뼛속까지 내려가서 써라》의 저자 나탈리 골드버그는 글을 쓰고 나서 읽지도 않아도 된다고 말한다. 글을 괴롭게만 쓸 이유가 없다. 이것저것 생각나는 대로 써보며 글쓰기를 시작하는 것이다. 그리고 읽을 필요도 없고, 버려도 된다. 어쩌면 그 자체의 행위가 책쓰기를 시작하기 위한 준비 작업일 수 있다. 이 행동이 내가 쓰고 싶은 주제를 찾는 방법이 되어주기도 한다. 책을 즐겁게 쓰느냐 괴롭게 쓰느냐는 내가 어떤 결정을 하느냐에 좌우된다. 쓰고 싶은 메시지를 발견하지 못하면 그나마 쓸 수도 없다. 그러니 즐겁게 쓰려 노력하고, 책을 쓰기 위해 힘을 빼야 한다.
주제가 있으면 있는 대로 쓰고 나중에 고치자는 마음으로 즐겁게 쓰면 된다. 만약 주제가 떠오르지 않으면 주제가 없는 상태로 글을 써보는 것이다. 어차피 읽지 않을 것이고 쓰는 것에 의미를

둔다. 미련을 갖지 않으면 그만이다. 무엇을 만날지 기대하며 글을 써보는 것도 좋다. 괴로운 글쓰기는 이것과 반대다. 결과에 집착하면 그 결과에 부응하는 글을 써야 한다. 글이 잘 써지지도 않고, 쓰는 동안 즐거움이 아닌 고난의 감정만 남는다. 주제가 있어도 더 좋은 주제를 만들려고 고민만 한다. 주제가 없으면 없어서 괴로워한다. 책쓰기는 쉬운 작업이 아니다. 힘들게 완성된다는 것은 누구나 알고 있다. 그러니 괴로운 것보다 즐거운 책쓰기를 하려고 노력해야 한다.

과정에
집중하라

—

책을 쓰고 싶은 마음을 발견하고, 쓰고 싶은 주제를 찾으면 설레고 기대가 된다. 엄두가 나지 않았지만 생각지도 않게 글쓰는 것 자체가 즐거워지기도 한다. 거기에 더해 글감이 자꾸 떠오르면 시간의 흐름도 잊어버린 채 몇 시간이 훌쩍 가버리는 경험도 하게 된다.

"과정에 집중해야 즐길 수 있다."

결과에 매이지 않는 책쓰기는 즐길 수 있다. 반대로 말하면, 출간이 되고 독자의 관심을 받는 것에 구속되어 쓴다면 그 자체로 힘들어진다는 뜻이다. 즐기는 책쓰기는 과성에 집중할 때 가능해진다. 글을 쓸 때 갑자기 공중부양이라도 한 것처럼 자신이 아닌 유명한 작가가 되어 쓸 수는 없다. 현재 내 수준에서 출발하는 것을 인정해야 글쓰는 것이 쉬워진다. 그대로의 나에서 출발하고 그 안에서 꼼지락거리며 글을 써야 한다. 그 과정에서 새로운 것을 발견하면 즐거움은 배가 된다.

'어떤 글이 다가올까!' 기대감을 갖고 써보라. 1년 동안 주말마다 가족과 함께 큰 나무를 보러 다닌 적이 있다. 매번 새로운 나무와 만나는 일은 설렘 그 자체였다. 그 만남에서 나무와 교감한 이야기를 글로 썼다. 쓰는 동안 '어떤 글이 써질까' 기대되었다. 1년 동안의 글을 모아보니 제법 분량이 되었다. 그것을 정리해 나무와 소통한 에세이를 출간했다. 만약 처음부터 책으로 쓰려고 했다면 쉽지 않았을 것이다. 그렇게 썼다면 아마 즐거움보다 의무감이 더 컸을지도 모른다.

즐거운 글쓰기가 될지 괴로운 글쓰기가 될지는 온전히 당신의 선택에 달려 있다. 남 눈치 살필 것도 없다. 무엇이 두려운가. 나는 그런 것들에서 벗어나기 위해 보름 만에 초고를 쓴 적도 있다. 대신 그만큼 글의 완성도가 떨어져 그 뒤 수없이 반복하며 문장을 수정하고 보충해야 했다. 기왕이면 한번쯤 거침없이 써보는 것도 필요하다. 즐겁게 쓰기 위해서는 결과보다 과정에 집중해야 한다.

책 쓰기는
발견에서
시작된다

———

0 0 4

—
발견하면
써진다
—

책을 쓰는 것은 한 편의 글을 쓰는 것과 달리 '무엇을 쓸 것인가'의 비중이 더 크다. 이 문제는 쓸 메시지를 '발견'하는 것에서 해결할 수 있다. 세상에 유일한 나의 글, 책을 쓴다는 건 나만의 창조물을 만드는 것이다. 내 경험에 들어 있는 것을 끄집어내는 일이다. 결국, '내가 무엇을 말할 수 있는가?'의 문제다.

'어떻게 쓰느냐'와 '무엇을 쓰느냐'의 차이다. 어떻게 쓰느냐, 다시 말해 어떻게 하면 멋있게, 있어 보이게 쓸 것인가를 두고 고민하는 것은 부질없는 욕심이다. 그러나 무엇을 쓰느냐에 대한 고민은 많으면 많을수록 좋다. 글의 중심은 내용이다. 대통령의 욕심은 바로 무엇을 쓸 것인가의 고민이다. 그것이 곧 국민에게 밝히는 자신의 생각이고, 국민의 삶에 큰 영향을 미치는 정책이 되기 때문이다. 하지만, 글쓰기에 자신 없다고 하는 사람 대부분은 전자를 고민한다. 어떻게 하면 명문을 쓸까 하는 고민인 것이다. 이런 고민은 글을 쓰는 데 도움이 되지 않는다. 오히려 부담감만 키울 뿐이다.

강원국의 《대통령의 글쓰기》에 나오는 문장이다. 어떻게 쓰느냐보다 무엇을 쓰느냐가 더 중요하다. 맞는 말이다.

앞에서 책을 쓰고 싶다는 마음을 발견해야 한다는 것을 이야기했다. 그리고 책을 쓰기 전에 관련된 것을 말했다. 이제부터는, 본격적으로 책쓰기를 시작할 때 벽처럼 막아서는 막연함이란 문을 열고 글을 써나가는 단계다. 책쓰기는 어느 정도 순서가 있고, 그 과정에서 많은 어려움과 마주하게 된다. 책을 쓰기 위해 곳곳에서 부딪치는 어려움을 어떻게 해결할 것인가?
이 책의 방점은 '발견'이다. 첫 책을 쓰는 당신이 부딪친 막연함을 구체화시켜주는 것이 무엇인지 발견하는 방법을 통해 원고를 써 나가게 해줄 것이다.

"책쓰기는 발견에서 출발한다."

책쓰기를 크게 나눈다면 기획하기, 본문쓰기, 출간하기로 나눌 수 있다. 책을 쓰겠다는 마음을 발견하고 결심하면 머릿속에 씨줄과 날줄이 엮이듯이 책쓰기 세계로 빠져든다. 뭘 쓸 수 있을까? 내가 쓰려는 메시지를 찾시 시작한다. 그리고 주제를 찾으면 제목과 목차를 구상해본다. 누가 들어줄 것인지 독자도 생각해본다. 여기까지의 과정은 기획하기에 해당한다. 주제인 메시지와 목차를 구상하는 것도 '발견'을 통해서 가능하다. 책쓰기는 쉽게 말해 발견의 학문이라고 말할 수 있다.

주제를 발견하지 못한다면 책쓰기를 시작할 수 없다. 주제를 발견하는 것은 기획단계에서 첫 번째로 해야 하는 일이다. 아이디어를 떠올리려면 일단 글부터 써야 한다는 우스갯소리가 있다. 주저리 주저리 쓰다 보면 생각했던 것에 근접해가고 결국 해결책도 나온다. 첫 책쓰기는 누구에게나 쉽지 않은 작업이다. 이 책은 '발견'이라는 바늘 하나를 가지고 당신의 글 여행을 헤쳐나가게 도와줄 것이다. 막힐 때마다 무엇을 발견해야 하는지 바늘로 콕콕 찔러보며 반응을 살펴볼 것이다.
주제를 만들 때도 내가 발견한 것을 놓고 스스로 바늘로 찔러보며, '내가 이 주제를 쓸 수 있을까?' '독자는 이 주제에 관심이 있을까?' 판단해보고 한 걸음씩 발견하며 헤쳐 나갈 것이다.

"책쓰기, 발견에서 시작되고, 써지고, 완성된다."

주제를 찾았으면 이젠, 제목과 목차를 어떻게 만들 것인가를 발견해야 한다. 그리고 독자를 초대하는 서문도 써야 한다. 기획단계에서부터 책쓰기는 세밀하게 발견을 통해 하나씩 들춰보고, 배우면서 시작하고 완성해 나가면 된다. 특히 첫 책쓰기를 도전하는 사람이라면 더더욱 그렇다. 차근차근 순서대로 배워 나가면 된다. 기획을 마치고 나면 또 하나의 큰 덩어리인 본문쓰기가 시작된다. 책 구성을 보면 표지가 있고 목차가 있고 두세 장 분량의 서문이 나온다. 그리고 책의 나머지 분량은 모두 본문으로 구성되어 있다. 본문쓰기는 실용서나 가벼운 에세이는 2~3개월 정도 시간이 필요하다. 장편소설을 쓰는 데는 몇 년이 소요되기도 한다. 본문을 쓰는 것도 글을 써가면서 배울 것을 발견하면 된다. 발견을 통해 꾸준히 글을 써나가다 보면 책쓰기를 완성할 수 있다.

—
나를 발견하는
공부
—

하루 중 나 자신에 온전히 집중하는 시간이 얼마나 되는가?
내가 참여하고 있는 독서모임에 '15분 글쓰기' 시간이라는 게 있
다. 15분 동안 글을 쓰며 나는 나에 대해 모르는 것을 알게 되고,
나를 위로해주기도 하고 격려해주기도 한다. 짧은 시간 글을 쓰
면서 새로운 나를 발견한다. 책쓰기는 15분 글쓰기와 비교할 수
없을 정도로 나를 알아가는 힘을 지니고 있다. 그래서 책쓰기는
나를 발견하는 공부라고 말할 수 있다.

책을 쓸 때 꼭 밖에서 글감을 찾아야 하는 건 아니다. 오히려 내
안에서 찾는 것이 좋다. 책을 쓰겠다고 결심했다면, 제일 먼저
나를 찾고 알아야 한다. 내 안에 들어 있는 것을 발견하는 공부
가 필요하다. 내가 무엇을 좋아하는지? 무엇을 경험했는지? 감

탄하며 깨달은 것은 무엇인지? 관심 있는 것은 무엇인지? 스스로 많은 질문을 던지고 찾아야 한다.

내 책의 첫 독자는 누구일까? 가족일까? 출판사 편집자일까? 서점에서 첫 책을 구매한 사람일까? 아니다. 누가 뭐래도 작가로 책을 완성하는 나 자신이다. 내가 썼기에 오롯이 첫 번째 독자는 나 자신이다. 원고를 쓰면서 나를 더 깊이 발견하게 된다. 나와 더 많은 대화를 나누게 된다. 책쓰기에 몰입하다 보면 생각지도 못한 것을 해결하는 나의 능력을 보고 놀라기도 한다. 쓰면 쓸수록 나를 더 잘 알게 된다. 나를 발견하는 도구로 책쓰기를 활용한다면 훌륭한 공부가 될 것이다.

_ 글 수다

나 자신을 알게 되는 방법은 무수히 많지만, 글을 써보는 작업은 무척 효과적이다. 글은 나에게서 나오는 것이니, 아무 글이나 생각나는 대로 시작하면서 결국 나에게 더 집중할 수 있다. 글로 수다를 떨어보는 것도 좋은 방법이다. 나에게 질문을 던지고 답을 해보는 것이다. 예를 들어 주제가 아직 떠오르지 않았다면 이렇게 질문을 던지며 써보는 것이다.

"어떤 이야기를 쓰고 싶니?"

"아직은 떠오르는 게 없어. 뭘 써야 하는지 막연하네?"

"살아오면서 내가 좋아한 것, 시간을 많이 들인 것에서 찾아보면 어떨까?"

"좋아하는 것이라면 취미에 있을 것 같고, 직업에서 쓸 주제가 있을까?"

"…"

재미있는 사실은 이렇게 혼자 질문하고 답을 하다 보면 나도 모르는 것을 스스로 찾아낸다는 점이다. 그날은 몰랐는데 시간이 지나고 답이 떠오를 때도 많다. 조용히 앉아 명상 등으로 나의 내면과 만날 수도 있지만, 나는 글 수다를 많이 이용하는 편이다. 또 글로 나에게 집중하는 것을 통해 책쓰기 전에 준비 운동을 하는 효과도 있다. 책을 쓰고 싶을 때 준비가 필요하다면 거침없이 글을 써볼 필요가 있다. 낙서처럼 써도 좋다. 나를 발견하기 위해 무엇이든 쓰기 시작하면 글은 내면을 향해 여행을 떠날 수 있도록 도와준다. 책쓰기에 있어 많은 것이 필요하지만 그 중에서도 나 자신 안에 들어 있는 걸 발견하는 게 가장 중요하다. 여기서 책쓰기가 시작된다. 내 안에 답이 있다. 이 사실을 발견해야 한다.

독자의 고민 가운데로
들어가라

책의 경쟁상대는 무엇일까? 다른 책? 스마트폰? TV? 스포츠?
글을 썼다 해도 읽어줄 독자가 없다면 책으로 존재할 수 없다.
쓰고자 하는 주제를 만나면 그것을 가지고 어떻게 독자의 관심
을 끌어낼 것인가 생각하게 된다.

이 이야기를 과연 독자가 읽어줄 것인가? 이것에 대해 확신하기
는 쉽지 않다. 그렇다면 독자의 관심을 끌어내기 위해서는 어떻
게 해야 하는가? 이는 내가 할 이야기가 독자의 고민을 해결해줄
수 있는가의 문제이기도 하다. 그러기에 독자의 고민 가운데로
들어가는 것에 대해 집중해야 한다. 어떨 땐 독자의 고민을 발견
하면서 책을 쓸 수 있게 되기도 한다.

지난해에 《우리는 독서모임에서 읽기, 쓰기, 책쓰기를 합니다》
라는 긴 제목의 독서모임 활용방법에 대한 책을 출간했다. 원고

를 쓸 수 있었던 계기는 독자의 고민을 발견하면서 시작되었다. 나는 8년간 독서모임을 진행해오고 있다. 독서모임에 처음 나오는 사람들을 보면 함께 책을 읽고 싶어 용기를 내서 나온 사람들이 대부분이었다. 그러나 그 어색함을 견디며 두세 번 참여한 후 포기하는 사람이 많았다. 이유를 물어보기도 하고, 그들이 어려워하는 문제가 무엇인지 고민해보았다. 대부분 독서모임을 선택하는 방법과 참여하는 방법을 몰라 우왕좌왕하다 그만두고 있었다. 독서습관을 만들기 위해 나온 사람, 함께 읽으며 다양한 독서와 사색을 경험하기 위해 나온 사람, 이들은 자신에게 맞는 독서모임을 생각해보지 않고 참여해서 기존에 진행되고 있는 모임에 자신을 억지로 맞춰보려다 포기하고 있었다.

"독자의 고민에 연결하라."

그들이 자신도 미처 모르고 있는 고민은 두 가지였다. 하나는 자신에게 맞는 곳을 선택해야 한다는 것, 또 다른 하나는 참여하면서 독서모임을 어떻게 활용할 것인가 생각해보지 않는다는 것이다. 이 두 가지 고민의 해결책은 간단하다. 하나는 내가 원하는 것이 무엇인지 먼저 생각해보고, 나의 취향과 수준에 맞는 독서모임을 선택하는 것이다. 그리고 참여하면서는 독서모임의 특성에 맞게 활용방법을 알면 더 알차게 즐길 수 있다.

독서모임 활용법에 관한 책은 독자의 고민이 무엇인지를 발견하면서 쓰기 시작했다. 독자의 고민 가운데로 들어가 보았기에 글을 쓸 수 있었고, 해결책도 나왔다. 또한, 더 구체적으로 독자와 가깝게 소통하는 글을 쓸 수 있었다.

독자의 고민 안으로 들어가 연결고리를 발견하는 것 자체가 책 쓰기를 시작할 수 있는 열쇠가 된다. 독자의 고민과 관심에서 책을 쓸 만한 게 있는지 찾아보아야 한다. 저자와 독자를 이어주는 것, 그것은 독자의 고민을 아는 것이고 그것에 대해 함께 공감하고, 그 해결책을 만드는 것이다.

몰입

몰입에 대한 이해가 있으면 좀 더 자연스럽게 책을 쓸 수 있다.
무언가 골똘히 생각하는 것의 핵심은 지속성에 있다. 잠깐 집중
해서 답을 얻을 수 있으면 좋겠지만, 그런 일은 거의 일어나지 않
는다. 자꾸 그것을 곱씹으며 해답이 나올 때까지 매달려야 한다.
책을 쓰겠다고 결심한 순간, 주제가 한순간에 번쩍! 번개처럼 떠
오른다면 얼마나 좋겠는가. 그러나 쓰겠다는 의욕만으로 주제가
쉽게 떠오르는 것은 아니다. 그래서 몰입을 이해하고 이용할 줄
아는 것이 중요하다.

영감, 메시지 등으로 표현할 수 있는 주제가 떠오르는 바탕에는
몰입이 작동한다. 주제를 못 찾아서 책을 쓰지 못해 하소연하는
분이 많다. 주제를 발견하기 위해서는 몰입이 필요하다. 내가 쓸
수 있는 것이 무엇인지 간절하게 '지속해서' 찾는 과정이 쌓여야

나온다. 꾸준히 오랜 시간 집중해야 한다. 인디언들이 기우제를 지내면 언제나 비가 온다고 한다. 비가 올 때까지 기우제를 지내기 때문이다. 이러한 지속성은 책쓰기에 꼭 필요한 태도다.

주제를 못 찾은 사람에게 농담으로 "영감님 오셨나요?" 물어볼 때가 있다. 영감이 떠올라야 주제를 발견할 수 있다. 영감이 만들어지는 것에 관해 조정래 작가는《황홀한 글감옥》에서 이렇게 설명한다.

불교 용어인 탐욕은 욕심이 겹겹으로, 층층이 쌓여 스스로를 망칠 상태에 다다른 것을 말합니다. 따라서 영감도 그러한 감도로 이해하면 됩니다. 한 가지에 치열하게 집중하고 몰두하는 생각(사고)이 쌓이고 쌓여 어느 순간에 폭발하는 불꽃처럼 원하던(찾고자 했던) 자가 환하게 꽃피우는 것이 영감입니다.

흔히들 영감이란 갑자기 떠오르는 것이라고 생각합니다. 예, 그것은 영감이 떠오르는 그 순간만을 보는 인식입니다. 그러나 그 과정에는 반드시 자기가 구하고자 하는 것에 대해 깊고 깊은 고심과 몰두가 쌓여야만 영감은 분출합니다. 그러니까 이런 말이 성립할 수 있습니다. '영감이란 고심의 깊이와 몰두의 강도에 따라 결정된다.'

영감이 떠오르는 것은 생각이 쌓이고 쌓인 결과다. 문제는 오랜 시간 그것에 집중하기가 쉽지 않다는 데 있다.

'그래 포기하지 않고 주제를 찾을 거야.' 각오를 다지고 집중해보지만 생각하면 할수록 머리만 아프다. 작심삼일도 힘들다. 이때 몰입에 대한 이해가 필요하다.

내가 쓰고 싶은 주제를 한 번에 발견하기란 어렵다. 뇌는 한 가지 생각을 골똘히 하면 뭔가를 선택하려 한다. 어떡하든 해답을 찾거나, 아니면 포기를 하거나. 그런데 계속 포기하지 않고 집중하면 뇌는 비상사태를 선포한다. 그리고 자신의 능력을 최대한 가동해 문제를 해결하려 한다. 답은 떠오르지 않는데도, 그 문제를 포기하지 않으면 뇌에서는 전쟁을 선포한다. 그 문제를 해결하지 않고는 다른 것을 할 수 없기 때문이다. 이때 몰입을 잘 이용해야 한다.

"무리하지 않고 지속해서 천천히 생각하기"

몰입의 핵심은 생각을 '천천히' 하기다. 책쓰기에 필요한 몰입은 다음 날 시험을 위해 각성한 상태에서 공부하는 것과는 다른 집중이다. 몸과 마음을 편안하게 이완하고 생각하는 것을 놓지는 않으면서 지속해서 천천히 답을 찾아나서는 것이다. 긴 시간 글을 쓰는 것 자체가 한 주제를 가지고 몰입하는 것이며, 몰입은 매일 조금씩 원고지 분량을 채우는 작업을 가능하게 해준다. 마라톤 결승점은 멀었는데 단거리 달리기처럼 달린다면 결과는 뻔하다. 중도에 포기할 수밖에 없다. 글쓰기도 마찬가지다. 집중하면서도 천천히 지속해서 생각해야 한다.

책을 쓰는 과정 곳곳에서 누구나 한계에 부딪친다. '주제 찾기'라는 문제 하나를 해결했다고 해서 책이 완성되지는 않는다. 제목도 있고 목차도 있다. 더 나아가 본문을 쓰면서도 많은 문제와 한계를 만나게 된다. 이것을 헤쳐 나가기 위해 천천히 지속적으로 생각하며 몰입을 연습해야 한다. 원고를 완성해본 사람은 몇 달 이상 책쓰기를 하는 자체로 몰입을 경험한다.

책쓰기를 통해 몰입을 이해하고 천천히 생각해보기를 적용하는 것만 알아도 큰 발견이다. '무조건 매일 글을 써야 책을 완성할 수 있다'라는 말을 밀어붙이기식 글쓰기로 이해하면 곤란하다. 한계점에 다다랐다고 급하게 포기하지 말아야 한다. 꾸준히 그러나 무리하지 않으며 천천히 집중해야 지치지 않고 글을 쓸 수 있다.

'매일 글을 써야 책은 완성된다'는 말은 진리다. 한계를 넘어서는 것에 매달리다 지쳐 중도 포기하라는 말이 아니다. 매일 글을 쓰며 한 주제를 계속 생각하면, 나의 모든 것이 그것에 집중하고 활성화된다. 그 결과 도저히 글을 쓰지 못할 것 같은데도 문득 해결책이 떠올라 문제가 풀리기도 한다. 이것도 그만큼 지속해서 몰입한 결과다. 지속할 수 있는 정도의 강도로 생각을 놓지 않고 집중하면 결국 닫힌 문은 열린다.

어떤 상태에서 몰입해야 하는지, 조금 길지만 《몰입》에 나오는 내용을 인용해보기로 한다.

육체 활동을 하거나 대화할 때 나타나는 뇌파가 바로 베타파인데, 수면과 정반대인 각성 상태이다. 이때는 입력에 해당하는 감각 기관과 출력인 운동 감각이 활성화되어 있는 반면, 뇌의 정보 처리 능력은 다소 떨어진다. 즉 얕은 기억은 잘 끄집어내지만 깊은 기억은 잘 끄집어내지 못한다. 따라서 문제 해결을 위하여 주어진 문제를 곰곰이 생각하기에 적합한 상태는 아니다.

문제의 난이도가 높은 경우는 명상하듯이 생각의 속도를 충분히 줄여주어야 한다. 이때는 알파파가 나타난다. 눈을 감으면 시각 정보의 입력이 차단되고 생각의 속도가 느려지면서 뇌파가 느려져 알파파 상태가 된다. 빠른 알파파는 약간 긴장한 상태에서 주의 집중이 이루어지는 때이고, 중간 알파파는 신체의 긴장은 풀려 있으면서도 의식 집중이 이루어지고 있는 상태이다. 바로 이 상태가 문제 해결을 위해 천천히 생각하는 때이다. 이 상태에서 뇌파가 더 느려지면 느린 알파파가 되는데, 바로 이 상태가 명상 하는 등 완전히 긴장이 이완된 상태이다.

저녁때 일부러 침대에 누워 잠을 청하며 생각할 때가 있다. 잠을 자기 위해서라기보다 원고를 쓰다 부딪친 문제를 해결하기 위해 서다. 잠들기 전의 상태와 같이 누워서 몸과 마음을 이완시키면 서 문제를 해결한 적이 많다. 그 순간 당장은 아니어도 며칠 정도 몰입하면 많은 문제가 풀리곤 했다. 어떨 땐 잠결에 몰입이 되었 는지 새벽에 해결책이 생각난 적도 있다. 물론, 대부분은 잠들어 버려 눈떠보면 아침이 경우가 더 많다. 분명한 것은 주제를 찾든 글을 쓰든 책쓰기에는 지속적인 집중이 필요하다는 점이다.

생각도구

책쓰기 강의를 하며 나는 될 수 있는 대로 주제를 찾기 전에 몰입과 더불어 생각도구에 관한 설명을 먼저 한다. 몰입은 무리하지 않고 천천히 지속적으로 생각하면서 책쓰기에서 부딪치는 문제를 헤쳐 나가는데 도움이 된다. 몰입을 생각의 '지구력'이라고 한다면, 생각도구는 생각의 '창의적 방법'이라 표현할 수 있다. 오래 생각하면(몰입) 결국 원하는 해답을 얻을 수 있고, 생각하는 방법을 바꾸는 과정에서(생각도구) 해답을 얻게 되기도 한다.

미셸 루트번스타인과 로버트 루트번스타인이 쓴《생각의 탄생》을 보면, "천재와 일반인의 차이란 타고난 재능이나 노력이 아닌, 남과 다른 나만의 독특한 '창조적 사고'를 기르는 데 있다"는 말이 나온다. 그러면서 이 책은 그 창의적 생각 방법인 13가지 생각도구(관찰, 형상화, 추상화, 패턴인식, 패턴형성, 유추, 몸으로 생각하기, 감정이입, 차원적 사고, 모형 만들기, 놀이, 변형, 통합)를 알려준다.

이를테면 이런 것이다. '감정이입'의 생각도구를 이용해 야생마를 조련하는 데 쓸 수 있다. 야생마를 잘 조련하는 사람은 생각하는 방법이 다르다. 말은 누군가 등에 올라타면 본능적으로 표범이 덮치는 것으로 느낀다고 한다. 조련사는 그것을 이용해 말 등에 올라탈 때 최대한 거스르지 않고 말을 훈련시킨다. 당연히 남들보다 뛰어나게 말을 훈련할 수 있을 것이다. 조련사는 말의 처지에서 생각하는 감정이입 방법을 이용한 것이다.

감정이입은 작가들이 글을 쓸 때 많이 이용하는 방법이다. 책에서 소설가 알퐁소 도데는 "작가는 묘사하고 있는 인물 속으로 들어가야 한다. 그의 몸속으로 들어가서 그의 눈으로 세상을 보고 그의 감각으로 세상을 느껴야 한다"고 말했다. 다른 사람과 '물리적'으로 합쳐진다는 것은 '타자성'이 사라짐을 의미한다. 이것을 도데는 글을 쓸 때 작가가 도달하는 상태, "작가가 작중 인물에게 직접적인 간섭을 한다면 실수를 하는 게 되는 상태"라고 말했다.

몸으로 생각하는 방식도 있다. 무용수는 자신의 몸을 통해 생각을 표현한다. 책에서 예후디 메뉴힌의 말을 들어보자.

위대한 바이올린은 생명이 있는 것이고 바이올리니스트는 그 바이올린의 일부이다. 연주를 할 때 나의 몸은 일종의 청각적 지능이 된다. 즉 나 자신으로부터 독립되어 완벽하게 조율되고 연주되는 악기가 되는 것이다. 그것이 바이올린 그 자체와 구별되지 않는 '순수한' 음성이 된다.

창조는 없는 것을 생각해내는 것이 아니다. 생각하는 방식이 창조를 해낸다. 이 내용을 블로그에 올렸는데 오천 명 정도가 검색한 것을 보고 놀랐다. 창의적으로 생각하는 방법에 사람들의 관심이 많다는 걸 알게 되었다. 《생각의 탄생》은 창조라는 것은 그 누구도 발견하지 못한 것을 찾는 것이라고 막연히 생각하던 틀을 깨주었다. 천재들의 생각 방법을 배우면 그만큼 창의적으로 책을 쓸 가능성이 커진다.

생각도구 중 '패턴인식'을 원고쓰는 것에 대입한 예를 하나 들어보겠다.

주세페 아르침볼도(Giuseppe Arcimboldo)의 정물화

16세기 이탈리아의 화가 주세페 아르침볼도의 정물화를 뒤집어 서 보면 사람 얼굴의 형태를 닮았다. 아르침볼도는 이와 같은 일 정한 패턴으로 그림을 그렸는데, 이것을 패턴인식이라고 한다. 무질서해 보이지만 그 속에 있는 일정한 패턴을 알면 다음에 일 어날 일도 예측할 수 있다. 이 패턴인식을 사용하여 책의 목차를 구상해볼 수 있다. 지금 쓰고 있는 이 원고의 목차는 게리 켈러 와 제이 파파산이 쓴 《원씽》의 목차 구성의 패턴인식을 약간 응 용했다. 《원씽》의 목차 패턴을 보면 이렇다.

1부 - 거짓말

↓

2부 - 진실

↓

3부 - 위대한 결과

목차가 한 주제를 쭉 이어서 설명하는 패턴을 가졌다. 이 책의 목차도 책을 쓰기 위한 과정을 순서대로 발견하며 그에 따라 원고를 작성하는 내용이다. 1부 기획하기→ 2부 본문쓰기→ 3부 출간하기로 첫 책을 쓰려는 사람이 책쓰기를 순서대로 따라 쓸 수 있는 방식으로 썼다.《원씽》목차의 패턴인식을 응용한 것이다.

《생각의 탄생》에 나오는 13가지 생각도구는 각자 사용할 수도 있고, 그것들이 복합적으로 작용해 사용될 수도 있다. 천재들이 사용한 생각도구를 적용하면 창의적 글쓰기와 책쓰기에 도움이 된다.

가상의
바늘

중국 고사성어 중 '마부작침(磨斧作針)'이란 말이 있다. 도끼를 갈아서 바늘로 만든다, 어려운 일도 꾸준히 노력하면 이룰 수 있다는 말이다.

이백이란 사람이 산에 들어가 공부를 하다 싫증이 나서 산을 내려오는 길에, 한 노파가 냇가에서 바위에 도끼를 갈고 있는 모습을 본다. 그 모습이 하도 괴이해 이백이 묻는다. "할머니, 지금 무엇을 하고 계신 것입니까?" 노인은 바늘을 만들고 있다고 답한다. 이백이 어이없어 하자 노파는 말한다. "비웃을 일이 아니네. 중도에 그만두지 않는다면 언젠가는 이 도끼로 바늘을 만들 수가 있지"라고 말한다. 노파의 말에 이백은 크게 깨닫고 그 후로 한눈을 팔지 않고 공부에 열심히 매진했다고 하는 이야기다.

책쓰기 주제를 찾을 때도 그것을 발견하기 위해 도끼를 갈아 바늘이 될 정도로 노력하는 자세가 필요하다. 그 태도가 제목을 만들게 하고 결국 원고를 완성하는 힘으로 작용한다.

사람은 바늘로 찌르면 움찔한다. 이렇듯 내가 만든 것이 과연 독자가 움찔하게 할 수 있을지 가상의 바늘을 들고 판단해본다. 주제를 만들어보고 상상의 바늘로 찔러본다. 스스로 판단의 도구로 사용해본다. 주제든 제목이든 원고를 쓰든 '이것이 신선한가? 식상한가?' 판단해보는 것이다. 주제를 만들어놓고 바늘로 찔러본다. 독자들이 관심을 갖겠는가? 무관심하겠는가? 독자의 마음을 사로잡는데 좋은 제목인가? 아닌가? 글을 쓸 때도 마찬가지다. 상상의 바늘로 찔러보며 스스로 판단해본다.

"책쓰기 과정마다 바늘로 판단하라."

이제까지 책쓰기를 기획하기 전에 발견해야 할 것에 대해 말했다. 글을 쓰는 동안 의식과 생산자 관점, 몰입과 생각도구를 사용하는 것을 알아보았다. 거기에 더해 상상의 바늘을 들고 판단해보는 것도 알아보았다. 본격적으로 책을 쓰기 전에 이러한 것들을 발견하면 그만큼 책쓰기에 관한 어려움을 덜어낼 수 있다.

책쓰기는 절대 한 호흡에 완성할 수 없다. 만만한 작업도 아니다. 문제에 부딪칠 때마다 앞에 설명한 것을 이용해보면 좋다.

책쓰기가 쉬운 작업은 아니지만, 그렇다고 막연히 어렵기만 한 것도 아니다. 책을 쓰기 시작하면서 부딪치는 난관을 하나씩 헤쳐 나가면 된다. 책을 써나가는 과정마다 스스로 발견하는 힘이 강할수록, 막힌 문을 열고 벽을 무너뜨리며 나아갈 수 있다.

이제부터 본격적으로 실전에 들어갈 것이다.

책쓰기는 단 한 번에 되지 않는다는 것, 이 한 가지를 마음에 담고 출발하면 어렵지 않게 시작할 수 있다. 그리고 여러 차례 시행착오를 겪어나가며 창의적 발견을 하게 될 것이다. 그러니 성을 단단한 돌로만 쌓아올리려 하지 말고 오히려 모래성을 만드는 게 좋다. 모래성은 잘 부서지지만 다시 만들기도 쉽다.

수없이 넘어지고 일어서면서 책은 만들어진다. 길을 잃었다는 생각이 들거나, 책쓰기에서 무언가를 판단할 때, 가상의 바늘을 들고 선택하며 우직하게 쓴다면 누구나 책을 쓸 수 있다.

기획하기

—

시작하는 힘

제 1 부

발견 1

주제 :
세속적인
장엄함

———————

0 0 5

작가는
기획자다

작가는 글만 쓰는 사람이라 생각하면 오산이다. 작가는 자신이 이야기할 메시지도 찾을 줄 알아야 한다. 그리고 독자의 관심에 명중시키는 작업을 병행해야 한다. 즉, 작가는 기획자도 되어야 한다. 책쓰기에서 기획이라면 책을 구상하고 기초 뼈대를 세우는 작업을 말한다. 1부에서는 책쓰기를 하기 위한 '기획하기'에 대해 알아볼 것이다.

1부, 책쓰기 기획은, '주제 → 제목 → 목차 → 서문'의 순으로 책을 쓰는 순서대로 썼다. 그리고 그 순서마다 무엇을 발견해야 하는지에 관한 내용을 담았다. 책쓰기 기획에서 첫 번째 부딪치는 것은 '주제'다. 내가 쓰고 싶은 메시지가 무엇인가를 발견하면서 책쓰기가 시작된다. 어쩌면 책쓰기에서 제일 중요한 부분이다. 책쓰기 강의 때 이 문제에서 희비가 교체하는 것을 자주 경험했다. 쓸 주제가 있는 사람은 얼굴에 생기가 돈다. 반대로 쓸 주제를 찾지 못한 사람은 얼굴에서 근심이 떠나지 않는다. 물론 주제를 찾았다고 해도 책쓰기에 적합하지 않은 주제일 수도 있다. 그렇다면 기획을 하기 위해 무엇부터 시작해야 할까?

_ 세 가지 질문

책을 쓰고 싶은 마음을 발견했다면, 이제 본격적으로 '무엇을 쓸 것인가' 스스로 물어야 한다. 간단한 이 질문이 본격적으로 책쓰기에 들어가는 관문이다. 나는 책쓰기 강의 때마다 참여자들에게 다음과 같은 질문 세 가지를 묻는다.

"주제는?"
"제목은?"
"독자는?"

주제를 찾았든 찾지 못했든 순서 없이 묻는다. 답이 바로 나올수록 책쓰기가 구체화되어 가고 있다는 뜻이다. 책쓰는 순서가 1+1=2처럼 답이 딱 떨어지는 건 아니다. 그러나 대부분 책을 쓸 때, 어느 정도 순서는 있다. 특히 '주제 정하기'는 책쓰기를 결심하고 첫 번째 만나는 관문이다. 이 첫 문을 어떻게 여느냐에 따라 책쓰기가 시작될 수도 있고 아닐 수도 있다. 위의 세 가지 질문은 책을 쓸 때 수시로 나 자신에게 물어봐야 한다. 주제와 제목 그리고 독자가 명확해질수록 원고 쓰기가 쉬워진다. 내가 쓰고 싶은 것이 무엇인지 알고, 호소하는 대상이 구체적일 때 책을 쓰는 것이 편해진다. 거기에 더해 잘 지어진 제목 하나가 독자의 마음을 움직인다면 날카로운 바늘을 준비한 것이나 다름없다. 제목이 바늘처럼 작가와 독자를 콕콕 찌르는 날카로움을 가졌다면 쓰고 싶은 것도 그만큼 많다는 이야기다. 반대로 주제, 제목, 독자가 구체적이지 않을수록 책을 쓰는 일은 그만큼 힘들어진다. 그러니 세 가지 질문에 관해 스스로 자신에게 수시로 묻고 다양하게 대답해봐야 한다.

자, 나의 첫 책, '무엇을 쓸 것인지' '어떤 내용으로 쓸 것인지'를 발견하고 글로 풀어내는 작업에 들어가보자. 본격적으로 작가가 되어서 내 책을 만들어가는 관문을 열어보는 것이다. 세 가지 질문을 수시로 던지다 보면 나도 모르게 무의식적으로도 답변을 하려고 노력하게 된다.

나는 잠들기 전 몸과 마음이 편안할 때, 천천히 몰입이 되면서 질문에 답을 해보려고 노력하곤 했다. 출근길 운전하는 차 안에서 질문하면서 답을 얻는 경우도 있었다. 특히 산책하며 질문과 답을 해보는 것도 좋아한다. 많은 사람들이 산책은 시간이 한가할 때 하는 것으로 생각하는데 나는 일상에서 잠시라도 짬이 나면 일부러라도 걷는다. 걷기 시작하면 멈춰 있던 하늘과 땅이 움직인다. 걸음을 멈추면 하늘과 땅도 멈추고 세상도 멈춘다. 이렇게 걸으며 생각하면 몸이 활성화되는 느낌이다. 나는 주위 사람들에게 '생각은 걷는 만큼 해결된다'고 농담처럼 말하곤 한다.

기획할 때는 내가 편하게 생각할 수 있는 방법을 찾아보는 게 좋다. 세 가지 질문을 던지고 서두르지 않고 천천히 책쓰기에 몰입해보는 것이다. 여기서 중요한 것은 급하지 않게 천천히 생각하기다. 그래야만 주제를 만드는 것에 관해 다양한 관점으로 접근할 수 있다. 시간이 더 걸릴 수 있겠지만 생각을 숙성시킬 수 있다. 주제를 만들기 위해 스스로 질문해보자. 내가 쓰려는,

"주제는?"
"제목은?"
"독자는?"

주제는 어디에
있는가

—

"뭘 써야 할지 모르겠어요. 책을 쓰겠다는 마음이 들어서 할 수 있을 것 같았는데 막상 쓰려니…."

책쓰기 강의를 시작하며 나는 참여자들이 어떤 주제를 가지고 책을 쓰려는지 궁금하기도 하고 설레기도 한다. 첫 책을 쓰고 싶어서 모인 참여자들이지만 "전 쓰고 싶은 이야기가 너무 많아요" 하는 사람이 있는가 하면, "아무리 생각해도 쓸 게 없어요" 하는 사람들도 있다.

참 쉽지 않은 문제다. 책쓰기 관련 책은 시중에 많이 나와 있다. 이 책보다 더 전문적인 내용으로 책쓰기 노하우를 설명하고 있는 책도 많다. 그러나 단 하나, 해결해주지 못하는 것이 바로 '주제'다.

_ 왜, 주제로 시작하는가

송숙희 작가의 《책쓰기의 모든 것》을 보면 이런 말이 나온다. "쓸거리가 있으면 쓰기는 문제 되지 않는다. 쓸거리가 없으면 쓰기는 문제조차 되지 않는다."

맞는 말이다. 주제가 없으면 책쓰기를 할 수 없다. 책쓰기를 시작했다는 것은 주제를 찾았다는 말과도 같다. 주제는 책을 쓸 수 있게도 하고 쓸 수 없게도 한다. 첫 책을 쓰는 사람은 특히 주제에 대해 어려워한다. 왜 아니겠는가. 아무리 많은 책을 쓴 작가도 마찬가지다. 주제가 없으면 책쓰기를 할 수 없다. 이 문제가 책쓰기 기획의 첫 출발점이다. 그래서 '왜 주제인가'를 가장 먼저 알아야 한다. 강의 때 가장 흥분하기도 하고 좌절하는 표정을 많이 보는 시간이기도 하다. 주제를 찾는 방법을 설명하고 나면 강의시간에 손뼉을 치며 찾는 사람도 있고 몇 주를 고민하고도 못 찾는 사람도 있다. 심지어 책쓰기 수업이 끝날 때까지도 못 찾다가 그 후에 찾는 사람도 있다.

'주제를 어디서 찾아야 하는지?' '무엇이 주제가 될 수 있는지?'를 알아야 한다. 기존의 책을 가지고 주제 찾는 방법을 연습하며 그것을 찾는 근육을 단련할 필요도 있다. 주제가 떠오르지 않는다고 무조건 좌절할 일이 아니다. 주제를 만들어내는 데는 그만큼 노력과 시간이 필요하다. 도깨비방망이처럼 주제 나와라 뚝딱! 하고 생각만 하면 찾을 수 있는 게 아니다.

책쓰기 수업 때 주제에 대해 많이 생각해보지도 않고 바로 영감이 떠오르지 않는다고 한숨을 쉬는 분이 계셨다. 우리 속담에 "우물에 가 숭늉 찾는다"라는 말이 있다. 밥솥 바닥에 눌어붙은 누룽지에 물을 부어 오랜 시간 은근히 끓여야 숭늉이 된다. 주제 찾기도 마찬가지다.

집중해야 한다. 단시간에 되는 게 아니라 천천히 지속해서 몰입해야 주제 찾기가 가능하다. 천천히 지속적이란 말은 그만큼의 시간과 집중이 필요하다는 뜻이다. 당장 떠오르면 감사한 마음을 가지고 쓰면 된다. 하물며 김치가 익을 때도 숙성의 시간이 필요하거늘, 주제를 발견하는 일에 그만큼의 시간과 몰입이 필요하다는 건 두말할 필요가 없다.

_ 주제는 과연 어디에 있을까

남들은 뚝딱뚝딱 만들어내고, 글도 잘만 쓰는데, 나는 아무리 생각해봐도 막연하다면? 십중팔구 밖에서 주제를 찾고 있을 가능성이 크다. 주제는 멀리 찾아 나서면 힘들다. 제일 가까운 곳에서부터, 바로 내 안에서 찾아보라. 책을 많이 읽으면서 찾으려는 사람도 있다. 주제는 내 안에서 찾아야 하고, 내 경험과 깨달은 것에서 찾는 게 좋다. 외부에서 무엇인가를 발견하려고만 하면 주제 찾기는 더 어려워진다. 아니, 불가능하다. 나에게 무언가를 집어넣어서 찾으려 하지 말고, 반대로 내 안에서 뽑아낼 것을 찾아야 한다. 지식의 많고 적음이 중요하지 않다. 주제는 언제나 내 안에 있다.

첫 책쓰기 강의를 할 때, 나는 한 권의 책을 출간한 상태였다. 가르치며 배우려고 시작한 강의였다. 참가자는 두 사람. 소수의 인원이라 수강생과 함께 나 역시 원고를 썼다. 주제는 나무와 소통에 관한 이야기였다. 수업을 듣는 두 참가자는 주제가 없는 상태였다. 수강생들은 주제가 생긴 나를 부러워하기만 했다. 하지만 그들도 첫 시간에 어렵지 않게 주제를 만들 수 있었다. 운 좋게 주제를 찾았다고 생각할 수도 있겠지만 그렇지 않다. 두 사람에겐 공통점이 있었다. 주제는 바로 그들의 직업과 관련되어 있었다. 한 사람은 중환자실 간호사였고, 다른 한 사람은 아파트 관리소장이었다. 처음에 그들은 자신이 하는 일에서 주제를 찾아내는 것을 어색해했다. 하지만 두 사람이 서로의 직업에 관한 경험을 이야기할 때 나는 열렬한 독자가 되어 듣고 있었다.

중환자실. 생명에 관한 소중함, 긴장감. 그곳은 실수를 용납하지 않는다. 그 현장에서 경험한 것을 들려줄 때 나는 이야기에 푹 빠져들었다. 그녀만이 경험한 유일한 세계의 말이었다. 하지만 정작 그녀는 모든 간호사가 겪는 일이라고 했다. 나는 단호하게 말했다.

"내가 지금 들은 말은 절대 그 어떤 간호사라도 대신해줄 수 없어요."

설사 같은 병동에 함께 근무하는 동료라도 마찬가지다. 동료가 말해준다면 그건 또 다른 한 간호사의 경험을 듣는 것이다.

다른 참여자도 마찬가지였다. 주택관리사였다. 전문 자격증을 가지고 아파트를 관리하는 직업을 가지고 있었다. 20년 이상 아파트에 근무하며 겪었던 수많은 에피소드를 말해주었다. 수많은 사람이 모여 사는 아파트, 그곳에서 펼쳐지는 이야기에 빠져들었다. 한참을 웃기도 했고, 눈물 날 정도로 가슴 아픈 사연도 있었다. 우리나라 사람들 절반은 아파트에 살고 있다.

"아파트에 배려의 문화가 생겨나야 해요. 옛날에는 동네 한마당에서 서로 이웃하며 사람들이 어울려 지냈듯이 아파트에도 정겨운 이웃이 필요합니다."

그녀는 자신이 하는 일의 가치를 잘 알고 있었다. 이야기를 듣고 보니, 층간 소음으로 윗집 아랫집이 얼굴을 붉히고, 험한 사건들이 연달아 뉴스에 나온 게 떠올랐다.

두 사람은 자신의 직업에 관련된 수많은 스토리를 쏟아냈고, 각자 직업에 관한 철학도 뚜렷했다. 강의가 끝나기도 전에 두 사람 모두 주제가 생겼다. 그렇다면 두 수강생은 처음에 왜 주제를 잡기 어려웠던 것일까? 자신의 내부에서 찾으려 하기 보다 밖에서 서성거렸기 때문이다. 주제를 잡는 게 서툴렀고 어디에서 발견해야 할지 몰랐던 것이다.

_ 주제를 어디서 찾아야 하는가

처음 책쓰기를 하려는 사람들은 대부분 거창한 것에서 주제를 찾아내려고 한다. 그러나 책 내용은 내 경험에서 나오는 것이 좋다. 작고 사소하더라도 나의 내부에서 주제를 찾는 연습을 해보아야 한다.

《생각의 탄생》에서 이고르 스트라빈스키(Igor Stravinsky, 작곡가)는 "진정한 창조자는 가장 평범하고 비루한 것들에서도 주목할 만한 가치를 찾아낸다"고 말했다. 책에서는 또 다른 이야기도 한다.

무용가 머스 커닝햄(Merce Cunningham)은 선구적인 안무 작품에서 '작은 동작'을 추구했는데 이는 그가 스튜디오 창문으로 내다본 거리 사람들의 동작에서 따온 것이었다(그들은 대개 큰 동작으로 옮겨가기 직전의 동작들이었다). 아무리 기묘한 동작이라 하더라도 거기엔 누군가가 발견하고 활용할 수 있는 '표현의 아름다움'이 있는 것이다.

"세속적인 장엄함"

창조적 예술가들도 일상 속 작은 것에서 영감을 얻었다. 책을 쓰기 위한 주제를 찾는 것도 이와 비슷하다. 별거 아니라고 지나쳐버리기 쉬운 것에 주제가 들어 있다. 자신이 시간을 많이 보내고 있는 직업에 관련된 주제를 쓰는 경우가 많은 이유다. 결국, 간호사와 아파트 관리사라는 직업을 가진 두 사람은 모두 원고를 썼다. 그리고 책을 출간하는 경험까지 했다.

내 안에서 나온 글은 절대 세상 어느 것과 닮지 않은 유일한 것이다. 직업뿐 아니다. 내가 좋아하는 일이나 취미, 관심사에서도 주제를 찾을 가능성이 크다.

아이를 낳고 키우기 어려운 시대가 되었다. 그래서인지 육아 관련서가 많이 나온다. '경단녀(임신, 육아로 인해 경력이 단절된 여성)'라는 말도 쉽게 들을 수 있다. 힘들고 어려운 여건에서도 각자 자신이 경험한 육아를 책으로 쓴다. 엄마뿐 아니다. 아빠가 쓴 육아서도 많다.

주제, 찾기 어려울수록 나 자신에게 시선을 돌려야 한다. 절대 밖에서 찾지 마라. 내 안에서 무엇이 있는가 돌아보고 들춰볼 때 주제를 발견할 수 있다. 창조자는 '가장 평범하고 비루한 것들에서' 가치를 찾아낸다고 한다. 내가 만들어내는 주제는 다른 것과 대체할 수 없는 창조의 행위다. 어렵게 생각하지 마라. 주제를 찾는 거리는 한 뼘 정도면 충분하다. 그 거리가 온전히 나를 향해 있다면 말이다.

_ 놀이처럼 찾아보라

주제가 금방 떠오르면 좋겠지만 대부분 어느 정도 시간이 걸린다. 한순간 발견하기도 하고 1~2주 만에 발견하기도 한다. 어떤 사람은 책쓰기 강의가 다 끝나고 나서야 찾기도 한다. 그러나 공통점은 자신의 경험을 자꾸 들여다보는 사람이 주제를 찾는다는 사실이다. 내 경험 중에 책을 쓸 수 있는 내용이 무엇인지 알려면 어떻게 해야 할까? 내 안에 있는 것을 자꾸 밖으로 던지는 연습을 해야 한다. 어떤 것이든 좋다. 내가 유일하게 말할 수 있는 것이 무얼까? 두서없이 백지에 쭉 나열하며 써보다가 찾아도 좋다. 나를 들여다보는 연습이라 생각해도 좋다. 마구 생각해놓고 나중에 골라보는 것이다. 시간 날 때마다 끄집어 내놓고 '아니면 말고'라는 태도로 자신을 탐사해보라.

책을 써볼 주제가 될 것 같아 한동안 생각을 했는데 그것이 내 경험에서 나오지 않았거나, 내가 쓸 수 없는 것도 있다. 이때는 미련 없이 컴퓨터를 초기화시키는 것처럼 원점에서 다시 시작하면 된다. 내 안에서 발견될 주제는 무한히 많다고 스스로 독려하며 찾아야 한다. 한 번에 찾으려는 욕심을 버려야 한다. 찾아보고 아니면 지우고, 다시 찾고, 이 반복과정이 필요하다. 이렇게 연습하다 보면 점점 주제를 발견하게 되고 가까워진다.

떠오른 것이 바로 주제가 되기도 하지만 그렇지 않은 경우도 많다. 그러기에 아이들이 모래성 놀이를 하는 것처럼 주제를 만들어야 한다. '두껍아 두껍아 헌집 줄게 새집 다오' 노래를 부르며 모래집을 만들고 부수는 아이들처럼, 주제가 아니면 지우고 다시 찾는 작업을 하면 된다. 주제 찾기는 놀이처럼 즐기면서 해야 한다.

주제는
잉크다

비유하자면 주제는 잉크의 성질을 가지고 있다. 잉크는 농도가
진해야 쓸 수 있다. 만년필을 통해 흘러나와도 농도가 짙어야 글
자로 명확하게 보인다. 주제를 만드는 것은 묽은 농도를 점점 진
하게 만들어 잉크처럼 변하게 하는 것과 비슷하다. 처음 주제를
찾을 때에는 명확히 떠오르기보다 희미하게 떠오르는 경우가 더
많다. 안개 속을 걷다가 가까이 갈수록 보이는 것과 비슷하다.
《우리는 독서모임에서 읽기, 쓰기, 책쓰기를 합니다》를 쓸 때도
마찬가지였다. 책의 주제는 독서모임 활용법이다. 그러나 처음
주제로 잡은 것은 '독서모임에 대하여'였다. 그저 독서모임의
풍경을 주제로 잡았다. 그러다 점점 구체적으로 '독서모임 접근
법'으로 바뀌었다. 잉크의 농도가 짙어져 검은색에 가까워지고
있었다. 그 과정에서 '독서모임을 어떻게 선택해야 하는지 모르

는 사람이 많은데, (8년간 독서모임을 해오면서) 내가 경험한 것을 알려주고 싶었다.' 그렇게 주제에 대해 계속 몰입하다 보니, 독서모임 접근법이라는 주제도 농도가 옅게 느껴졌다. 주제를 그보다 더 진하게 할 수 있을 것 같았다.

_ 농도를 진하게 만들어라

주제를 생각할수록 독서모임에 관한 '접근방법'이 아닌 '활용방법'이 더 독자들에게 필요할 것 같았다. 독서모임에 접근하는 방법뿐 아니라 참여하는 가운데 독서모임을 더 잘 활용할 수 있는 방법을 담기로 했다. 처음 주제 '독서모임에 관하여'에서 '독서모임 접근법'으로 변했고 결국 '독서모임 활용법'으로 바뀌었다. 이런 일련의 과정을 통해 명확하지 않았던 주제가 점점 농도가 진해져 잉크가 되는 것처럼 변했다.

주제는 불꽃이 튀기듯 영감처럼 떠올라 한 번에 만들어질 수도 있다. 하지만 그런 경우는 드물다. 오히려 묽은 잉크가 점점 진한 농도로 바뀌는 것처럼 만들어진다. 그러니 주제를 찾는 것에 조급해할 일이 아니다. 점점 진한 잉크의 농도를 만들어가는 것처럼 찾는 것이 좋다.

_ 명사로 주제 찾기

주제는 농도가 응축될수록 좋다. 농도가 진할수록 주제가 흔들리는 것을 잡아주기 때문이다. 강의 때 재미있는 일이 벌어졌다. 두 사람이 비슷한 주제를 가지고 고민을 하고 있었다. 직업이 간호사였는데 각자 일에서 느낀 경험을 책으로 풀어내고 싶어 했다. 그러나 문제는 이미 간호사에 관한 책들도 많이 나온 상태라고 걱정을 하고 있었다. 거기에 책을 쓰려는 예비 작가들도 주제가 비슷하니 걱정이 배가 된 것이다. 그러나 그건 문제가 될 수 없다. 수업 때 딱 하나로 해결책을 찾았다.

단 하나의 명사로 표현해보는 것이다. 꼭 명사가 아니어도 한두 단어나 문장으로 주제를 말해보는 것이다. 예비 작가들은 서로 비슷한 내용일까 봐 걱정을 했다. 그러나 각자의 세계에서 체험한 이야기를 들어보면 모두 다를 수밖에 없다. 한 사람씩 자신이 쓰고 싶은 내용에 관해 이야기를 시작했다. 첫 번째 사람은 자신이 신규 간호사 때 경험한 것을 독자들과 공유하고 싶어 했다. 두 번째 사람은 신규 간호사 시기는 지났지만 그렇다고 경험을 오래 쌓은 간호사도 아닌 과도기의 경험을 독자들과 공유하고 싶어 했다. 두 사람이 이야기하고 싶은 것은 간호사에 관한 에세이 글 중 '신규'와 '과도기'라는 경험을 책으로 쓰고 싶어 했다.

간호사의 에세이라고 이야기하면 두 사람의 주제는 비슷하게 보일 수도 있다. 그러나 주제를 진하게 응축시키고, 더 압축시켜 표현해보니 달랐다. 쓰고 싶은 주제가 명확해지자 각자 자신있게 주제를 잡을 수 있었다.

만약 두 사람이 잡은 주제가 같다면 어떨까? 예를 들어 신규 간호사에 관한 글을 쓴다면? 나는 그렇다 해도 쓸 수 있다. 제목을 똑같이 쓰는 것은 어렵겠지만, 각자의 경험에서 나온 내용을 썼다면 완전히 다른 책이라 생각한다. 이미 시중에 비슷한 책이 나와 있다고 해도 마찬가지다. 중요한 것은 책을 쓸 주제가 저자의 경험에서 나왔느냐 아니냐의 문제다. 내 경험에서 나온 것이라면 세상에 유일한 이야기다. 당연히 책의 전개는 다를 수밖에 없다. 재미있는 건 또 다른 참가자 중에서도 간호사에 관한 책을 쓰고 싶어 했다. 세 번째 참가자는 위 두 사람과 또 다른 결을 가지고 있었다. 주제는 간호사 생활에서 자신의 감정을 살피는 이야기를 담은 에세이였다. 이렇게 세 명의 주제는 비슷한 것 같았지만 모두 달랐다. '신규' '과도기' '감정.' 간호사의 경험을 쓰는 에세이의 주제를 명사나 한두 단어로 압축시켜 찾아보니 자신들이 쓰고 싶은 것은 완전 달랐다.
간호사의 경험 에세이라는 큰 카테고리에서만 생각하면 주제는 비슷해지고 만들기가 어렵다. 이것 때문에 각자 처음에 어떻게 주제를 잡아야 하는지 힘들어했다. 하지만 주제는 간호사란 단어에만 있는 게 아니다. 그보다는 경험과 자신이 깨달은 일상에서 찾아야 한다. 세 사람에게 이야기한 것은 거대한 것에서 눈을 돌려 자신에게 집중해야 한다는 것이었다.

수많은 간호사 속에 파묻혀 내가 그 중 한 사람이라고 생각하면 어떨까? 주제 찾기는 낙타가 바늘귀로 들어가는 것보다 힘들어진다. 아무리 많은 간호사가 있다 해도 나는 그 누구와도 비교할 수 없는 단 한 사람이다. 내 경험에서 출발하면 된다. 그리고 주제를 찾기 위해 불필요한 것을 빼보는 작업을 시작하면 된다.

_ 내 이야기를 하자

한 사람씩 자신의 이야기를 한다. 신규 간호사로서 꿈과 소명을 가지고 일을 시작했다. 직장에서 힘든 일도 겪고, 동료들이 이직하는 것을 보면서 버티고 있는 자신도 흔들린다. 간호사로서 또 다른 꿈을 꾸는 것에 관해서도 말한다. 많은 이야기가 쏟아져 나온다. 간호사라는 카테고리에서 주제를 찾으려다 누군가 먼저 책을 썼다고 아쉬워한다.

"지금까지의 이야기를 한 문장으로 표현할 수 있습니까?"

"글쎄요. '신규 간호사로 힘들어도 버티고 성장하자' '더 많은 분야에서 일할 수 있다.'"

"더 단정해서 짧은 단어, 특히 명사로 끝나도록 표현할 수 있을까요?"

"신규 간호사에 관한 경험을 말하고 싶어요."

"주제를 찾았나요?"라는 질문에 대한 그날의 주제에 접근한 답이었다. 처음 간호사에 관해 말할 때 희미했던 주제가 명확해져 갔다. 그 뒤 책으로 풀어낼 말은 자신의 경험을 통해 공감하고 예비 간호사들에게 이야기하고 싶은 것이다. 주제에 관한 수업을 마칠 때까지 줄인 말은 '신규 간호사'였다. 책쓰기를 시작하고 6개월 뒤 책 제목이 이렇게 나왔다. 《신규 간호사 안내서》. 첫 책을 쓰는 예비 작가들의 첫 고민이자 제일 힘들어하는 문제를 나는 '주제 찾기'라고 생각한다. 찾으면 희망에 가득 차지만 못 찾으면 자꾸 위축된다.

두 번째 분은 신규 간호사 때 어려운 점을 참아내고 막상 그 시기를 벗어났는데 또 혼란스러움을 겪고 있다는 이야기를 한다. 신규도 아니고 그렇다고 경험이 풍부한 경력자도 아니다. 딱 중간에 서 있는 자신의 경험을 이야기해보고 싶어 했다. 강의시간마다 잉크를 만드는 것처럼 진하게 응축하는 작업을 통해 단정해서 한마디로 표현한다면 무엇일까? 대답은 '과도기' 라는 명사 한 단어로 압축되었다. 〈간호사의 길〉. '무너지지도' 말고, 그렇다고 '무뎌지지도' 말자. 자신이 서 있는 현재의 위치에서 자신과 또 독자와 소통하는 내용을 글로 풀어쓰고 있다.

세 번째 분은 간호사라는 직업에서 자신의 감정을 바라보는 것에 대한 이야기를 주로 했다. 환자들을 위해 최선을 다하려 하면서도 그로 인해 또 자기 마음이 힘들어질 때가 있다. 가끔 지쳐 있을 때 자신의 감정을 돌아보며 짧은 글을 썼다고 한다. 이야기를 듣다 한마디로 표현해보자고 하니 '감정'이란 단어로 압축되었다. '감정'이라고 말하지만 여기서 풀려나오는 말은 책 한 권을 쓰고도 남을 이야기다. 간호사란 직업의 특수성에서 느끼는 감정. 생각해보니, 간호사는 아픈 사람들을 항상 일방적으로 위로해주는 직업이다. 그렇다면 그들은 누구에게 위로를 받는가? 처지를 바꿔 생각하니 관심이 가는 주제였다. '감정'을 중심으로 주제를 잡았다. 자신의 감정을 들여다보며 자신이 걸어온 간호사의 경험을 풀어쓰기 시작했다. 놀라운 일이 생겼다. 책쓰기 수업이 보통 6~8주 정도에 걸쳐 진행되는데, 그 전에 초고를 완성한 것이다. 원고를 한 달 만에 쓴 것이다. 더 놀라운 건 바로 출판사와 계약하고 책을 출간했다는 사실이다.

_ 책쓰기는 발견의 학문이다

거창한 것에서 찾으면 주제가 잘 보이지 않는다. 오히려 내 안의 사소하고 작은 경험에서 찾아야 한다. 독자들은 그 사소한 작가의 이야기를 듣고 싶어 한다. 세상에서 유일한 작가만의 경험을 알고 싶어 한다. 그러니 내가 쓰고 싶은 주제를 벌써 누군가가 썼다고 포기하지 말아야 한다. 저자의 이야기를 듣고 싶어 하는 독자는 반드시 있다.

"하늘 아래 새로운 것은 없다"는 말도 있다. 나 자신에게서 나오는 것이야말로 새롭게 창조된 것이다. 내가 막연하게 생각하는 것을 주절주절 이야기하다 보면 자연스럽게 압축이 되고 이렇게 접근하는 방식이 주제를 찾는 데 아주 효과적이다. 주제는 잉크처럼 만들기 위해 농도를 진하게 응축시키며 발견해야 한다. 하고 싶은 이야기를 더 압축시켜 한두 단어나 짧은 문장으로 단정 지어보는 연습을 많이 해야 한다. 그 과정을 통해 의외로 주제를 찾는 단서가 생긴다. 이 방법은 주제를 찾을 때 생기는 막연함과 혼란에서 벗어나게 해준다.

지금 쓰고 있는 이 책의 주제는 한 단어로 표현하면 '발견'이다. 스스로 '책, 쓰고 싶은 마음이 들게, 따라 쓰고 싶게' 발견을 통해 책을 쓸 수 있다는 내용이다. 책쓰기는 사실 어떻게 시작할지 막연하다. 더구나 첫 책쓰기라면 열심히 써보려 해도 방법을 모르기 때문에 힘들다. 무엇을 쓸지 주제를 찾는 것도 결국 '발견'을 통해 가능해진다. 막연해서 출발할 수 없던 글이 주제를 발견하면 저절로 써지게 된다.

나는 책쓰기 수업 때마다 "책쓰기는 발견의 학문이다"라는 말을 자주 한다. 지금 주제에 대해 고민하고 빈 원고만 노려본다고 해서 쓸 메시지가 떠오르지는 않는다. 내 이야기를 압축시켜 주제를 발견해야 한다. 책쓰기는 주제를 발견하면 시작할 수 있다. 한두 단어로 요약해가면서 주제를 찾아보자.

독자를
줄여라

책을 쓸 주제를 찾았다면 이제 독자를 생각해야 한다. 내가 쓰게 될 글을 읽어줄 독자가 있는가? 누가 읽어줄까? 소소하고 작은 것에서 주제를 찾을 때와 마찬가지로, 독자도 넓게 확대하면 힘들어진다.

'성장'에 관련된 주제를 찾았다고 해보자. 만약 20대부터 60대까지 모든 독자를 아우르는 글을 쓰겠다고 한다면 어떻게 될까? 독자가 광범위해진 만큼 모든 연령대에 맞추려면 주제가 흔들릴 수밖에 없다. 반대로, 독자를 한 사람으로 좁혀보면 어떻게 될까? 마주한 단 한 사람과 눈을 맞추고 내가 들려줄 말을 생각한다면 주제는 더 명확해진다.

_ 단 한 명의 독자를 찾아라

책쓰기 강의 때 소방 공무원 시험과 관련된 책을 쓰려는 참여자가 있었다. 그는 자신이 쓰려는 책의 독자가 한정되어 있는데 어떻게 하면 더 넓힐 수 있을지 고민하고 있었다. 과연 찾을 수 있을까? 주제를 바꾸지 않는 이상 어렵다. 억지로 다른 독자를 찾았다고 가정하자. 과연 그가 전달하려는 내용이 확장된 독자에게까지 적용될 수 있을까? 어려운 이야기다. 아마 처음 독자층까지 만족시키기 어려워질 것이다. 확장한 독자층도 마찬가지다. (이는 두 독자층을 모두 충족시키는 주제일 때 가능한 일이다) 거칠게 비유하자면 아이부터 어른까지 이해시키려 하는 것과 같다. 그래서 오히려 독자를 한 명으로 압축시켜 보라고 말했다.

주제를 명확하게 하기 위해서는 독자를 좁혀야 한다. 주제가 독자 한 사람의 마음을 관통할 수 있어야 한다. 명사수는 활을 쏘는 대로 명중시킨다. 그러나 더 명중을 잘하는 방법이 있다. 바로 활이 맞은 자리에 과녁을 그리는 것이다. 독자도 마찬가지다. 한 사람의 독자를 온전히 감동시킬 수 있도록 그의 관심을 충족시키는 게 중요하다. 한 사람을 관통한 주제는 그와 비슷한 환경에 있는 사람들의 관심도 끌 수 있게 된다.

주제는 나의 사소한 경험을 들춰낼 때 찾을 수 있다. 그 주제를 명확하게 만들기 위해 독자를 줄이고 줄여야 한다. 단 한 사람에게 이야기를 전하려고 할 때 주제도 더 진하게 응축된다. 한 사람의 독자를 향해 쓰면 글의 전달력이 향상된다. 여러 사람이 모여 있는 곳에서 이야기를 할 때와 한 사람 앞에서 이야기를 할 때 나의 집중력은 달라진다. 전체를 모두 아우르며 내 이야기를 집중해서 전달할 수 없다. 온전히 한 사람과 눈높이를 맞춰 그 사람이 듣고 싶게 이야기를 전달해야 독자는 집중한다. 그래서 주제를 찾는 동시에 들어줄 독자를 떠올리는 것이 중요하다.

독자를 좁힐수록 자연스럽게 주제가 더 명확해진다. 내가 이야기하고 싶은 게 더 명료해지고, 어떻게 전달할지도 더 구체화된다. 주제와 독자는 항상 연관되어 있다. 주제를 찾기 위해 자신을 들여다보고, 무엇을 쓸 수 있을지 떠올리면서 그 주제를 들어줄 단 한 사람, 그 독자를 찾는 작업도 함께해야 한다.
독자를 맞은편에 앉혀 놓고 책쓰기를 해야 외롭지 않다. 주제를 전달할 단 한 명의 독자, 친한 친구를 만나 서로 대화를 주고받으며 원고를 쓴다는 상상만 해도 재미와 즐거움이 함께할 것이다.

제목 :
보면,
흔들린다

0 0 6

0.1초의 세계

'제목 = 책' 거의 공식처럼 되었다.《칭찬은 고래도 춤추게 한다》는 책이 있다. 이 책이 국내에서 처음 출간될 때의 제목은 《칭찬의 힘》이었다고 한다. 예상보다 판매가 지지부진하자 출판사에서 내용은 그대로 두고 제목만 바꾸었는데 20배 이상 판매되며 베스트셀러에 올랐다.

이기주 작가의《여전히 글쓰기가 두려운 당신에게》를 보면 제목을 바꾼 사례들이 나와 있는데, 제목의 중요함을 절실히 알게 해준다.

- 마이클 샌델,《정의란 무엇인가》←《정의》
- 켄 블랜차드,《칭찬은 고래도 춤추게 한다》←《고래야 잘했다》
- 김훈,《칼의 노래》←《광화문 그 사내》

앞의 두 책《정의》와《고래야 잘했다》는 영어 원제였으며, 김훈 작가의《칼의 노래》는 '광화문 그 사내' 라는 제목으로 출간될 뻔했다.

만약, 100만 부 넘게 판매된 김훈 작가의《칼의 노래》가 '광화문 그 사내'라는 제목으로 출간되었다면 어땠을까? 아찔한 생각이 든다. 그만큼 제목을 빼놓고 책을 말할 수 없다.

책쓰기뿐 아니라 글쓰기에서도 제목은 매우 중요하다. 제목에 끌리면 내용을 읽기도 전에 마음이 가 있기 마련이다. 아무리 좋은 주제라도 제목으로 포장할 수 없으면 책은 선택받지 못한다. 독자뿐 아니라 편집자의 마음도 사로잡지 못한다. 제목은 첫인상이다. 처음 만난 사람의 첫인상은 그를 판단하는 데 거의 모든 기준이 된다.

_제목이 책이다

어떤 책을 살까?

'가지런히 진열되어 있는 책에서 표지와 제목, 디자인을 쓱 훑어본다. 눈길이 머무는 제목을 발견한다. 손에 들고 표지를 살피다 책을 펼쳐본다.'

우리가 보통 서점에서 책을 고르는 행동이다. 제목은 여러 설명이 필요 없다. 독자의 선택을 받는 첫 번째 조건이다. 제목에 끌려 손에 들고 내용을 살피다 관심이 없는 내용이어서 내려 놓는다고 해도 마찬가지다. 내용이 탄탄해야 하지만 그것을 선택하게 하는 것은 바로 '제목'이다. 다른 것에 우선해서 제목에서 중요한 것은 독자를 흔들리게 해야 한다. 매일매일 새로운 책이 수백 권 이상 출간되고 있다. 독자 입장에서는 그 제목만도 다 보기 어렵다. 책을 쓰고 완성하는 작업을 애를 낳는 고통에 비유하곤 하는데, 그렇게 힘들게 원고를 쓰고 출간한 책이 독자의 시선도 못 받고 사라진다면 얼마나 슬픈 일인가.

"제목 = 책"

제목을 더 단정해서 이야기하면 그 책이라고 할 수 있다. 책에 아무리 좋은 내용이 실려 있어도 결국 제목으로 독자의 눈을 사로잡지 못하면 내용을 알리는 기회 자체도 없어지는 것이다. 그러기에 여러 이유를 떠나 제목은 책이 독자에게 선택받을 가장 강력한 경쟁력이라 할 수 있다. 그러니 주제를 발견함과 동시에 제목을 어떻게 만들까? 책을 쓰는 내내 생각하게 된다. 인쇄 들어가기 전까지도 변할 수 있는 게 제목이다. 제목은 그만큼 중요하다. 아무리 강조해도 모자람이 없다. 그렇다면 도대체 어떻게 제목을 만들어야 할까? 사실 이 부분은 작가도 편집자도 고민하고 또 고민하는 문제다.

_ 보면 흔들린다

제목은 독자가 보았을 때 흔들려야 한다. 이렇게 말이다.

"와! 아! 어!" (0.1초의 세계)

독자의 마음이 흔들리는 데는 1초도 안 걸린다. 아마 0.1초의 세계에서 이루어질 것이다. 만약 독자에게서 위와 같은 짧은 한마디를 듣는다면 제목으로 일단 합격이다.

'와! 내 마음을 어떻게 알았지?'

'아! 내가 생각하는 게 여기 있구나?'

'어! 이런 게 다 있네?'

제목, 짧은 여러 단어의 조합으로 만들어진 텍스트가 독자의 마음을 움직이게 한다. 어떤 제목은 독자를 끄는 힘이 강력해서 그 자리에서 책을 사게도 한다. 분명 짧은 단어들의 조합인데, 독자들은 제목을 보는 순간 상상의 나래를 펼친다. 위로를 받기도 하고 공감을 하기도 한다.

제목은 책 내용 전체를 아우르고 있다. 독자에게 짧은 단어로 함축적으로 책 설명을 해주는 것이 제목이다. 제목은 처음부터 한번에 뚝딱 만들어지지 않는다. 많은 작가가 제목을 수없이 써놓고 하나씩 지우며 고심하며 만든다고 한다. 그렇게 만든 제목도 원고를 다듬는 편집자 손에서 또 고심에 고심을 거듭하여 결정된다. 그만큼 제목이 중요하다. 저자가 독자 입장에 서서 생각해볼 때, 제목이 매력적이지 않다면 그 책은 선택받지 못한다. 첫 책을 쓰는 사람은 더하다. 유명인처럼 인지도가 있는 것도 아니고, 홍보도 쉽지 않다. 그러기에 제목에 공을 많이 들여야 한다. 주제를 발견하고 그 뒤로 제목을 만드는데 아낌없이 시간을 쏟아야 한다. 기획할 때나 본문을 쓸 때, 원고를 완성하는 과정에도 좋은 제목으로 만들려고 노력을 해야 한다.

〈어쩌면 아픈 그럼에도 간호사〉라는 임시 제목을 가지고 원고를 쓴 저자와 반나절을 고민한 적이 있다. '간호사의 감정 들여다보기'라는 주제로 초고를 완성하고 투고를 하려 하는데 제목을 보고 주변의 반응이 없었다. 〈나는 간호사입니다〉로 고심 끝에 정했는데, 호불호가 갈렸다. 저자가 여러 가지 제목으로 고심한 끝에 마지막으로 잡은 제목이 〈나는 오늘도 간호사입니다〉였다. 부제는 '남들이 가지 않는 길을 가야 하는 아름다운 사람이기에'라고 만들었다.

주변 사람들의 반응을 살폈다. 즉시 "좋은데!" "좋아요" 라는 반응이 왔다. 이렇게 만든 제목이 좋은 제목인지 아닌지는 아직 모른다. 그러나 주변에서 관심을 보이는 것만으로도 의미가 있다. 출판사와 계약을 한 상태지만, 책으로 출간될 때 그 제목 그대로 될지는 모르는 일이다. 편집자와의 작업을 통해 바뀔 수도 있기 때문이다. 이렇듯, 제목을 정하는 일은 독자의 마음을 흔들어놓기 위해 마지막까지 많은 시간이 필요하다.

_ 바늘 끝에 달려 있는 제목

"제목은 그 책의 전체 내용을 아우르고 있어야 한다." 말이 쉽지 결코 쉽지 않은 일이다. 강의 때마다 "책쓰기는 바늘이다" 라는 말을 하며 판단의 도구로 쓰라고 말한다. 그리고 주제와 제목을 만들 때는 이렇게 표현한다.

"주제는 바늘이고, 제목은 바늘 끝에 있다."

주제를 찾는 것은 잉크를 만드는 것과 같다. 주제가 갖는 성질은 농도를 진하게 하는 것처럼 점점 명확해야 한다. 그러나 제목에는 신하게 응축하는 농도보다 반응을 끌이내는 날카로움이 들어 있어야 한다. 주제를 발견할 때처럼 제목을 만들 때도 바늘로 콕

콕 찔러본다. 이 제목이 독자를 '움찔하게 하는가?' '시큰둥하게 하는가?'

"제목은 바늘 끝에 있다."

어떻게 하면 독자를 움찔하게 하는 제목을 만들 수 있을까? 어떻게 하면 나도 제목을 생각하면서 더 신나서 글을 쓸 수 있을까? 많이 만들어보는 게 먼저일 것이다. 여러 표현으로 연관지어 구상해봐야 한다. 어떻게 만들었든 주위 사람에게 말했더니 짧은 감탄사 '와! 아! 어!' 소리를 들으면 합격이다. 그러나 막상 제목을 만들어보려면 어떻게 해야 할지 막막하다. 정도(定道)는 없다. 책 제목을 보면서 응용해보는 것도 방법이 될 수 있다. 제목을 만드는 요령을 배워보는 것도 좋다. 많은 반복에서 좋은 제목이 만들어진다. 제목을 만드는 데도 공부가 필요하다.

카피 만들기의
원리

카피가 만들어지는 원리를 통해 제목 만드는 방법을 배워보는 것도 좋다. 제목을 만드는 데 있어 나에게 많은 도움이 되어준 책이 있다. 카피라이터 탁정언 씨가 쓴《죽이는 한마디》다. 2009년에 발간된 책인데 지금 보아도 전혀 어색하지 않을 만큼 감각이 살아 있다.

'보신탕집 애완견.'
책 속에 나오는 말이다. 어울리지 않아 보이는 단어, 서로 충돌되는 단어를 결합해 웃음이 나게 만든다. '보신탕집에서 키우는 애완견이라니!' 책은 이렇게 카피가 만들어지는 원리를 제시하며 쉽게 설명하고 있다. 각각의 원리를 응용해 제목을 만드는 데 사용해보면 많은 도움을 얻을 수 있다. 그가 설명하는 카피 만들어내는 원리를 하나씩 인용해 알아보자. 더 자세한 내용은 저자의 책을 참고해보면 좋다.

지금 쓰고 있는 원고의 가제를 나는 〈책쓰기는 발견이다〉라고 만들었다. 이 책이 출간될 때도 지금의 제목으로 나갈까? 나 역시 궁금하다. 그만큼 제목이 책에 주는 영향이 크기에 편집하는 과정에서 고심하며 바뀔 수 있기 때문이다.

'책쓰기는 발견이다'라는 제목은 카피를 만드는 단정의 원리를 적용했다. 단정의 원리는 'A=B이다'라는 공식으로, 결론을 명확하게 제시해준다. 〈책쓰기는 발견이다〉를 구상할 때 첫 책쓰기를 시작하는 사람들이 '책, 쓰고 싶다'라는 마음과, '책, 순서대로 따라 쓰고 싶다'라는 마음을 '발견'이라는 관점을 통하면 책쓰기를 시작할 수 있다는 내용을 담고자 했다.

이 책의 주제는 '발견'이다. 책쓰기는 발견을 통해 시작되고, 써지고, 완성된다. 메시지, 즉 주제를 발견해야 글을 쓸 수 있다. 제목과 목차도 그것들을 어떻게 기획할 것인지 발견해야 만들 수 있다. 책쓰기는 결국 '발견'하는 만큼 채울 수 있다.

처음에는 제목을 〈발견에서 쓴 내 인생에 첫 책쓰기〉라고 했었다. 그러나 더 단순하고 명료하게 제목을 만들어 첫 책을 쓰고 싶은 독자에게 접근하고 싶었다. 〈책쓰기는 발견이다〉, 책쓰기에 관해 더 확실하게 독자에게 명확하고 단정적으로 접근하고 싶어 임시 제목으로 잡았다. 많은 제목을 써놓고 지워가면서 '책쓰기란 발견을 통해 쓸 수 있다'로 압축했고, 그래서 단정의 원리를 대입했다.

'A=B다.'

'책쓰기는 발견이다.'

이렇게 하니 제목으로 전달하는 메시지가 더 명확해졌다. 독자가 어떻게 반응할지는 알 수 없어 고민이 되지만 원고를 쓰며 계속 좋은 제목을 만들려고 한다.

_ 8개의 카피 원리

《죽이는 한마디》 책 내용을 인용해 카피 만드는 원리를 간단하게 설명해보면 이렇다.

1. 단정의 원리

"사랑은 동사다."

위에서 설명한 것처럼 'A=B다' 했을 때 뇌는 단순한 컨셉만 기억한다.

"커뮤니케이션 전문가 오사마 도모히데는 가장 효과적인 커뮤니케이션 방법은 결론을 말하는 것이라고 했습니다. 결론을 먼저 말하고, 그 이유를 설명하고, 예를 들어 다시 결론을 요약하면 커뮤니케이션의 오류가 사라진다는 것입니다." - 32p

2. 치환의 원리

"아침햇쌀"

햇살의 '살'을 '쌀'로 바꿨다.

"치환이란 쉽게 말해서 말의 부속품을 바꾸는 것입니다. 그것도 큰 것이 아니라 일부 작은 부분을 살짝 바꿔치기하는 것을 말합니다." - 49p

3. 충돌의 원리

'소리 없는 아우성'

'성공은 99%의 실패'

"말 한마디로 감정을 이끌어내는 가장 좋은 방법은 서로 대립되는 어휘를 충돌시키는 것입니다. 함부로 감정을 드러내는 것보다 충돌의 원리를 적용하는 편이 더 낫습니다." - 102p

4. 인접의 원리

'8월의 크리스마스'

"인접의 원리란, 서로 관계가 없는 어휘를 억지로 갖다 붙이는 것입니다." - 113p

5. 반전의 원리

'박수칠 때 떠나라'

"서로 형세를 뒤바꾸는 두 마디를 만들고 그것을 한마디로 통합하는 것이 반전의 원리입니다." - 143p

앞에서 한 말을 뒤에서 뒤집는 스토리텔링. 책에서 헬렌 켈러의 말을 통해 반전의 원리를 설명한다.

"세상은 고통과 아픔으로 가득 차 있다. 세상은 또한 그것을 극복한 사람들로 가득 차 있다." - 167p

6. 부정의 원리

"행복은 성적순이 아니잖아요."

"부정의 원리와 부정적 시각은 완전히 다릅니다. 부정적 시각은 인간의 공포, 두려움, 질투, 시기, 분노, 화 들을 교묘하게 이용해서 물건을 팔아먹는 목표에만 에너지를 집중합니다. 반면에 부정의 원리는 대안을 마련하기 위한 발상이기 때문에 오히려 강

한 긍정입니다." - 181p

7. 의미부여
"아내는 여자보다 아름답다."
"내 마음대로 새롭게 의미 부여하기의 원리" - 215p

8. 영어 짜맞춤 원리
"예스24"
"누가 인터넷으로 책을 살까…. 대다수가 의아하게 생각한 최초의 인터넷서점 브랜드 한마디는 'Yes24' 였습니다. 24시간 언제든지 주문을 받아 바로 택배로 보낸다는 의미를 담은 Yes24는 상당히 신선한 느낌을 주었던 것 같습니다. 군말 없이 무조건 '네'라고 대답부터 하는 'Yes'에 24시간을 즉각적으로 떠올리게 하는 '24'로 짜맞춤을 했으니, 정말 기발한 영어 카피 한마디가 아닐 수 없습니다." - 253p

8개의 카피 원리를 설명하는 《죽이는 한마디》에는 많은 예시가 들어 있다. 카피가 만들어지는 원리를 책 제목 만드는 데도 응용할 수 있다. 제목은 아무리 강조해도 지나침이 없다. 책 본문에는 다음과 같은 '제목의 힘'에 관한 이야기도 나온다.

"대부분 글을 쓰고 나서 제목을 뽑는데, 그것보다 제목 한마디를 만들고 글을 쓰는 것이 더 좋습니다. 컨셉적 글쓰기는 컨셉이 앞장서서 글의 길을 안내하니 거침이 없다고 할까요?" - 116p

참, 공감되는 말이다. 탁정언 저자의 말처럼 좋은 제목 하나를 만들면 책쓰는 내내 좋은 길동무가 되어주기도 한다. 글을 쓰다 힘들 때도 좋은 제목을 보면 힘이 생긴다. 제목만 듣고도 사람들이 관심을 보이면 든든한 지원군처럼 느껴진다.
욕심에 한 권의 책에 담긴 카피원리를 간단하게라도 소개하고 싶었다. 몇 개의 단어 조합으로 만들어지는 제목. 카피를 만드는 원리를 응용해 좋은 제목을 만들어보자.

제목 비틀기
연습

버릴 게 무엇인가? 제목을 발견할 때도 떠오르는 것을 최대한 나열해놓는다. 그리고 나무의 가지를 전지해주는 것처럼 불필요한 것을 버리고 점점 단순화시킨다. 책을 대표적으로 표현하고 싶은 말은 많다. 그러나 제목은 압축되어야 한다. 전달하는 과정에서 독자의 마음을 흔들리게 해야 한다.

_ 단순화

《생각의 탄생》을 보면 추상화에 대한 설명이 나온다. "추상화란 어떤 대상의 전체를 재현하는 것이 아니라 눈에 덜 띄는 한두 개의 특성만을 나타내는 것이다"라고 설명한다. 추상화는 단순화와 같은 말이다. 책에서는 리처드 파이만(Richard Feynman)의 말을 인용한다.

"현상은 복잡하다. 법칙은 단순하다. (…) 버릴 게 무엇인지 알아내라."

마지막까지 불필요한 것을 버리는 작업을 해보는 것, 바로 단순화다. 핵심으로 남는 것. 독자의 마음을 흔들리게 하는 것을 찾는 과정에서도 제목이 만들어진다. 독자가 제목을 보자마자 '아! 와! 어!' 이런 생각이 들게 하는 것에는 단순화라는 힘이 숨어 있다. '버릴 것이 무엇인가?' 이 관점으로 단순화를 대입시켜 제목을 만들어볼 필요가 있다. 제목을 만들기 위해 여러 방법이 있을 것이다. 마인드맵으로 주제나 핵심 단어를 놓고 연관해서 만들 수도 있다. 카피의 원리를 이용해 만들 수도 있다. 더 쉽게 만드는 방법은 생각나는 대로 적어보고 선택할 수도 있다. 여기서 중요한 것은 단순화다. 버릴 게 무엇인지 아는 것. 그리고 핵심으로 남는 것. 단순화를 이용해 마지막으로 남는 것. 그 결정체를 제목으로 만드는 것에 사용해보자.

_ 제목 살짝 비틀기

독서를 많이 하는 사람이 책을 잘 쓸 가능성은 높다. 이유는 그가 읽은 책을 통해 간접 경험을 풍부하게 하기 때문이다. 또한,

책을 통해 작가가 쓴 필(feel)을 체험하기 때문이다. 책을 읽을 때 그 책의 제목을 살짝 비틀어보는 연습을 해보면 좋다.

《감정 코칭》이란 제목이 있다고 가정하면, 이걸 살짝 비틀어보는 연습을 해보는 것이다. 〈마음 코칭〉 〈행복 코칭〉 〈성공 코칭〉 등 코칭 앞에 명사만 바꿔도 다양한 제목이 나온다. 반대로 뒤에 있는 코칭을 다른 단어로 바꿔보면 어떨까? 〈감정 수업〉 〈감정 학교〉 〈감정 명상〉 등 명사로만 바꿔도 다양한 제목이 나온다. 이렇게 읽는 책 제목을 살짝 비틀어보는 것만으로도 제목을 만들어보는 연습이 된다. 짧은 시간 재미 삼아 해봐도 제목 만드는 감각을 익힐 수 있다. 제목 강의 때 수강생들에게 이 연습을 해보라고 권하는데, 참여자 중 한 분은 도서관에 가서 제목만 보고 연습을 하다 자신의 책 제목에 아이디어를 얻기도 했다.

기획단계에서부터 좋은 제목이 나오면 글쓰는 내내 도움을 받을 수 있다. 왜냐하면, 그 제목이 원고를 써 가는데 바늘 끝 같은 역할을 해주기 때문이다. 원고를 쓰다가도 주제와 엉뚱한 내용으로 전개될 때, 좋은 제목은 다시 제자리로 돌아오게 해준다.

제목은 '보면, 흔들리게' 만들어야 한다. 독자의 눈높이에 좋은 제목이 숨어 있다는 것을 기억하며 만들어야 한다.

목차 :
목차는
지도다

---

0 0 7

목차는
기획의 꽃이다

글쓰기와 책쓰기의 다른 점 중 확연히 구분할 수 있는 것, 목차 부분이다. 짧은 글은 보통 하나의 메시지(주제)를 가지고 있다. 그래서 군이 목차를 적어놓고 쓸 이유가 없다. 그러나 책쓰기는 다르다. 하나의 주제를 가지고 수십 개의 꼭지(소목차) 글을 써야 한다. 목차 없이 책을 쓴다는 것은 불가능에 가까운 작업이다.

대동여지도를 만든 김정호는 지도를 어떻게 만들었을까? 그는 한 걸음 한 걸음 걸어서 전국을 찾아다니며 집념으로 지도를 완성해나갔다. 전국을 세부적으로 나누어 구분해서 다니지 않았다면 대동여지도를 만들 수 있었을까? 불가능했을지도 모른다. 직접 눈으로 확인하며 하나씩 완성해나간 대동여지도는 '첩'이라 불리는 세로 22개의 책자 형태로 되어 있다. 한 개의 첩은 약

20cm × 30cm로 되어 있어 휴대가 편하다. 또한, 필요한 지역만 들고 다닐 수 있게 목판으로 제작해놓았다. 완성된 지도를 사용하는 것도 편하지만, 그것을 만드는 과정에서도 세부적으로 나눠 놓은 것이 유용했을 것이다. 책쓰기에 필요한 목차 구성도 대동여지도를 만들 때 지역을 구분하여 제작한 방식과 비슷하다. 하나하나의 목차로 구분하고, 그 목차의 내용을 글로 채우며 책을 완성해 나간다. 똑같지는 않지만 지도를 완성해나가는 것과 목차는 많이 닮아 있다.

"목차는 지도다."

책쓰기에 있어 목차는 지도와 같은 역할을 한다. 한 주제로 통하는 길을 알려주는 이정표를 세우는 작업이다. 그 이정표가 주제를 잃어버리지 않고 원고를 쓸 수 있게 한다. 목차는 내가 쓰려는 주제를 어떻게 전개해나갈까 구상하는 작업이다. 기획하는 목차가 구체적일수록 본문을 쓰면서 주제에서 벗어나지 않게 해준다. 또 다른 한편으로는 주제로 향해 없던 길을 만들며 나아가게 하는 역할도 한다.

주말이면 가끔 가까운 곳으로 등산을 한다. 두 도시에 걸쳐 있는 이 산에, 매번 사는 지역에서 올라가다 한번은 다른 지역에서 올라가 보았다. 익숙하던 산이 낯설게 느껴졌다. 그러나 정상에 오르니 다시 익숙해졌다. 그 뒤로 가끔 출발지를 번갈아 가며 산을 오른다. 길은 달라도 정상에 이르는 것은 같다. 목차를 만드는 것도 이와 비슷하다. 주제에 관해 얼개를 짤 때 내가 생각하는 것을 만들어놓으면 그것에서 또 다른 게 불거져 나온다. 한 번에 목차를 완성하기는 어렵다. 처음에는 볼품없고 엉성하게 구성되더라도 계속 다듬다 보면 조금씩 좋아지고 떠오르지 않던 메시지도 만들 수 있게 된다. 대동여지도의 완성도는 김정호가 전국을 한 걸음씩 디디며 다닌 수고 덕분에 가능했다. 목차도 마찬가지다. 처음에는 어떻게 구성할 것인지 막연하지만, 몰입하면서 계속 가다듬다 보면 완성도가 높아진다. 목차가 완성되어 간다는 소리는 지도 전체의 윤곽이 점점 보이는 것과 비슷하다.

_ 놀이처럼 만들어라

주제를 발견하면 바로 만들어볼 수 있는 것이 목차다. 동시에 제목도 잡아보면서 주제와 연관된 메시지가 거미줄처럼 펼쳐진다. 이 과정에서 주제에 더 가까이 다가가고, 더 명확하게 만들어진다. 제목이 툭 하고 불거져 나오기도 한다. 말 그대로 목차는 기획의 꽃이다. 이것저것 구상하고 나열하면서 주제와 제목, 그밖에 책에 쓸 메시지를 찾아내기 때문이다. 제목을 만드는 것도 재미있지만 목차도 주제라는 보석을 어떻게 더 빛나게 만들 수 있는지 꾸며주는 작업이라 즐거운 시간이 될 수 있다.

아이들이 찰흙 놀이를 하며 강아지를 만든다고 해보자. 일단 찰흙 한 덩어리를 손으로 조물조물 만지면서 강아지 머리를 만들고 몸통도 만든다. 다리도 만들고 꼬리도 만든다. 그러면서 점점 강아지 모습이 되어간다. 목차도 마찬가지다. '행복한 일상'에 관한 주제로 목차를 만든다면 어떻게 할까? 감사 일기를 쓰면서 느끼는 행복도 목차로 만들 수 있다. '범사에 감사하라'처럼 감사함으로 느끼는 행복도 목차로 만들 수 있다. 소소하게 느끼는 행복감을 찾게 해주는 행동에 관한 것도 목차에 들어간다. 좋은 목차가 되든 아니든 만드는 과정을 아이들의 찰흙 놀이처럼 하면 된다. 처음부터 완벽하게 하겠다는 마음보다는 아이들이 놀이하는 것처럼 즐기며 만들면 된다.

목차는 레고 블록 놀이 같은 기능도 있다. 제목은 그 책을 대표하는 단 하나의 타이틀이다. 그러나 목차는 많은 분량의 본문을 끌어가는 역할을 해준다. 목차는 레고 블록을 조립하고 분해하는 것처럼 서로 순서를 바꿀 수 있다. 이야기를 들려주는 순서를 마음대로 바꿀 수 있다.

첫 책을 쓸 때의 일이다. 3년간 독서를 하며 경험한 것을 썼다. 목차를 만들기 위해 일상에서 겪었던 기억을 되살려 몇 개의 꼭지를 썼다. 그중 하나는 '아저씨! 책 좀 읽으시나 봐요'였다. 처음 독서습관을 들이기 위해 매일 책을 들고 다니다 겪은 에피소드다. 이렇게 꼭지 몇 개를 쓰고 그것들을 묶어 '독서하며 일상에서 겪은 경험'으로 대목차를 만들었다. 그러나 대목차를 바꾸는 바람에 다른 곳으로 옮겼다. 레고 블록으로 비유하자면 분해를 해서 다른 레고 블록을 만든 것이다. 이유는 대목차 구성을 3년간 책을 읽은 시간으로 바꾸었기 때문이다. 독서를 시작한 100일 동안 경험한 것, 그동안 책을 읽은 사색과 깨우친 것을 묶은 것이다. '아저씨! 책 좀 읽으시나 봐요'는 독서를 시작한 지 얼마 안 되어 책 읽는 것에 한창 재미가 붙기 시작할 때라, 대목차 중 100일 동안의 경험을 엮은 곳으로 옮겼다. 다른 경험을 쓴 에피소드들도 각각 대목차인 1, 2, 3년으로 옮겼다. 레고 블록처럼 분해되어서 다시 조립한 것이다.

목차의 기획을 어떻게 하느냐에 따라 책은 여러 모습으로 바꿀 수 있다. 레고 블록처럼 별도로 존재하다가도 조립하면 새로운 모습이 된다. 목차의 구성에 따라 책쓰기 전개는 완전 새롭게 진행되기도 한다. 바닷가에서 모래성을 만드는 것처럼 이것저것 자꾸 만들어보고 아니면 다시 만들어봐야 한다. 단단한 돌을 하나씩 쌓아 무너지지 않는 성을 만드는 것보다, 쉽게 쌓고 무너뜨리면서 놀이처럼 해보는 방법이 좋다.

목차를 만드는 것은 의외로 재미있는 작업이다. 레고 블록으로 멋진 자동차를 만들었는데 그것을 분해해서 집으로 변신시킬 수 있다. 목차가 그렇다. 목차는 주제와 제목과는 다르게, 구성을 어떻게 하느냐에 따라 수많은 모습으로 변할 수 있다. 그러기에 아이들이 레고 블록을 가지고 재미나게 놀이를 하듯 목차를 만들어보는 것은 아주 좋은 방법이다.

목차를 만드는
다섯 가지 방법

목차를 만드는 방법은 어렵지 않다. 거창할 것도 없다. 주제를 발견하고 나면 목차 만들기는 대략 다섯 가지로 요약할 수 있다.

1. 제목처럼
2. 이미지로 그려본다.
3. 주제를 향한 메시지
4. 무조건 나열해보기
5. 본문을 쓰면서

_1. 제목처럼 만들어라

첫 번째 방법은 간단하다. 첫 책을 쓰기 위해 주제를 발견하면 바로 '제목을 어떻게 만들까' 고민한다. 이것저것 여러 가지를 제목으로 만들어본다. 여기서 나오는 것 중 대표적인 것 하나가 제목이 된다. 제목은 내가 쓸 책 내용 전체를 아우르면서 독자의 관심을 붙잡는 역할을 한다. 중요한 것은 제목으로 선택되지 못한 나머지를 버려야 하는가? 하는 문제다. 그렇지 않다. 나머지는 목차를 만들 때 영감을 주기도 하고, 제목으로 만들려고 한 그대로 목차에 쓰기도 한다. 주제에 관한 메시지가 제목을 만드는 것에 포함되어 있기 때문이다. 목차는 작은 제목들로 구성되어 있다고 표현할 수도 있다.

"제목처럼"

목차를 구성하는 하나하나의 소목차도 메시지를 가진 제목이나 다름없다. 그러니 제목을 만드는 것처럼 목차 하나하나를 만들어야 한다. 제목은 책을 대표하는 수많은 목차 중 하나다. 그렇기에 목차를 만드는데 제목처럼 만든다는 생각을 가져야 한다. 이 관점에서 만들면 제목처럼 좋은 표현의 목차는 많아질 것이다. 목차는 결국 하나하나 빛나는 별도의 제목이다. 글을 한 쪽지 쓸 때도 마찬가지다. 글을 쓰고 나면 다시 한 번 내용을 보며 그 쪽지의 목차가 제목처럼 만들어졌는지 살펴볼 필요가 있다.

그리고 수정할 필요가 있다면 책 제목을 만드는 것처럼 살펴보면 된다. 책의 제목이나 목차의 제목을 만드는 방법에 차이는 없다. 다만 책 제목은 많은 목차를 포함하고 있다는 정도의 차이가 있을 뿐이다.

_ 2. 이미지로 그려본다

편의상 목차를 보면 대목차, 소목차로 나눌 수 있다. 이것을 자세히 보면 소목차는 주제에 관련된 고유한 이야기를 품고 있다. 보통 책의 목차는 40~50개 정도의 소목차로 구성된다. 대목차는 소목차를 묶어 대략 4~5개 정도의 카테고리로 구성되어 있다. 쉽게 대, 소목차를 나무를 예로 들어 설명해보자. 나무는 한 생명체다. 기계부속처럼 분해할 수 없다. 그러나 전체적인 나무의 구성은 분류해서 이야기할 수 있다. 즉, 뿌리, 줄기, 가지, 나뭇잎 정도로 나누어 각각의 역할을 설명하는 동시에 전체적인 나무를 말할 수 있다. 여기서 나무를 크게 나누어 그림으로 나타낼 수도 있다. 생명을 담당하는 뿌리, 생명을 올곧게 세우고 있는 줄기 그리고 가지, 나뭇잎으로 표현할 수 있다.

나무를 크게 분류해본 것을 목차에 비유하면 이것이 대목차다. 소목차는 대목차로 구분한 것 중 하나인 줄기 부분을 예로 들어보자. 줄기는 '나무를 지탱하는 버팀' '나이테' '나무 피부' 등 여러 가지로 표현할 수 있다. 대목차는 세밀한 것보다 내가 말하고자 하는 주제를 어떻게 전개할 것인지 4~5개의 이미지로 떠올려보거나 그림으로 그려보면 좋다.

"큰 카테고리를 그림으로 그려본다."

이 책을 쓰기 전 《우리는 독서모임에서 읽기, 쓰기, 책쓰기를 합니다》 책의 목차를 만들 때 이 방법으로 그림으로 그려본 적이 있다. 하나는 독서모임에 나오는 사람이 자신에게 맞는 곳을 기웃거리는 모습을 그렸다. 독서모임을 선택하는 그림이다. 또 하나는 독서모임에 나와서 독서토론을 하고, 글을 쓰는 모습을 그렸다. 독서모임 참여에 관한 그림이다. 이 두 개의 큰 그림을 목차를 만들 때 최종적으로 대목차로 구성했다. '1부 선택, 2부 참여'로 만들었다.

대목차를 먼저 만들고 소목차를 만들어도 된다. 반대로 소목차를 만들면서 비슷한 메시지를 묶으며 대목차로 만들어도 된다. 다만, 대목차를 그림이나 이미지로 떠올려보면 의외로 좋은 구상을 찾는데 도움이 된다. 여기서 오해가 있을 수 있어 덧붙인다면 그림을 잘 그리고 못 그리는 재능의 문제가 전혀 아니라는 것이다. 나 또한 그림 실력은 유치원생 수준이다. 사람을 나무젓가락처럼 그린다.

"나는 피아노 앞에서 실제 노래를 부르는 것보다 머릿속으로 음악연습을 더 많이 한다. 가수라면 음악을 볼 수 있어야 하기 때문이다."

이탈리아 성악가 루치아노 파바로티(Luciano Pavarotti)가 연습하는 방법이라고 한다. 노래를 부르는 게 아니라 형상화해서 본다니? 그렇게도 음악연습을 한다는 것에 충격을 받았다. 대목차를 그림으로 표현해보는 것, 파바로티 정도는 아니어도 글로만 표현하는 것보다 더 입체적인 사고를 할 수 있다. 이미지로 구상해보는 것도 대목차를 만드는 데 많은 도움이 된다.

_3. 소목차, 주제로 다가가는 메시지

소목차를 만드는 방법은 주제를 설명하려고 할 때 떠오르는 것을 적어보는 것이다. 책의 구성을 단순하게 분해해보면 결국 '소목차의 합' 즉 '꼭지 글의 합'으로 만들어진 구조라고 표현할 수 있다. 그러니 생각나는 것을 많이 써보는 것이 좋다. 많을수록 좋은 것을 고를 수 있고, 비슷한 내용을 묶어 대목차를 구성하

는 것에도 도움이 된다. 글을 쓰면서 생각날 때마다 계속 소목차
를 만들어도 된다.

"책은 소목차의 합이다."

대목차는 큰 그림을 그리기 때문에 변형하기가 쉽지 않을 수 있
다. 그러나 소목차는 만들기도 쉽고 변형이 자유롭다. 주제에 대
한 독자적인 메시지로 되어 있기 때문에 소목차는 순서를 정할
때도 자유롭게 위치를 바꿀 수 있다. 나무로 이야기하면 나뭇잎
에서 광합성 작용을 하는 것에 대해 소목차를 만들었다고 해도
꼭 나뭇잎으로 분류한 대목차에 있을 필요가 없다. 그 메시지가
나무의 생명에 관한 이야기라면 뿌리로 분류한 대목차에 들어가
도 상관없다. 레고 블록으로 비유한다면 다른 레고 블록에 결합
해서 구성할 수 있다.

소목차는 다양하게 많이 만드는 게 좋다. 양질의 법칙이 적용된
다. 생각나는 대로 거침없이 만들고, 그 만든 것을 보며 또 다른
소목차를 만들어내도 좋다. 나무를 설명할 때도 꼭 눈으로 본 것
만 말할 필요는 없다. 손으로 만져본 감촉으로도 나무줄기를 이
야기할 수 있다. 이렇듯 소목차를 만들 때에는 주제에 관련된 것
이라면 다양한 관점을 통해 많이 만드는 게 핵심이다. 그 과정에

서 비슷한 내용이 중복되기도 하겠지만 그래도 상관없다. 그중에서 더 좋은 것을 소목차로 사용하면 된다. 글 재료가 모자라서 걱정이지 많은 것은 행복한 고민이다. 책은 소목차의 합으로 만들어진다. 그러니 질보다 양으로 접근한다는 마음으로 편하게 만들어보자.

_ 4. 무조건 나열해보기

무조건 나열하며 만드는 것은 주제가 명확하지 않을 때도 적용할 수 있다. 이 방법의 핵심은 생각을 밖으로 끄집어내는 것에 있다. 일단 거침이 없어야 한다. 주제에 연관된 것을 적는 게 중요하다. 그러나 주제와 관련성이 없어도 상관없다. 퇴근길에 가벼운 접촉 사고로 서로 잘했느니 못했느니 말다툼을 벌이는 걸 봤다. 처음에는 목소리 높은 사람이 이길 줄 알았다. 그러나 아니었다. 오히려 계속 주절주절 떠든 사람이 이겼다.(이겼다고 표현하기가 우습지만) 목소리를 높였던 사람이 대화를 포기해버린 것이다.

"양으로 승부한다."

비유가 좀 그렇지만 무조건 생각나는 대로 목차를 만들어보는 것도 이와 비슷하다. 양을 채우기 위해 주절주절 쓰면서 만든다는 생각으로 하면 된다. 생각나는 것을 그냥 풀어써 보는 것이다. 말이 돼도 좋고 안 돼도 좋다. 낙서하듯 적는다. 주제도 제목도 목차도 뿌연 안개 속을 걷고 있을 때 마구 적다 보면 생각이 워밍업 되고, 당장 떠오르지 않아도 며칠 반복하면 조금씩 떠오르기도 한다. 그리고 생각하는 게 점점 전보다 힘이 덜 든다.

또 하나의 방법이 있다. 2~3일 정도 긴장감 없이 마구 적으며 생각을 풀어놓고, 쓴 기간 만큼 들여다보지 않고 집중하지 않는다. 그 생각에서 벗어나 보는 연습을 하는 것이다. 그렇게 나중에 다시 보면 새로운 관점에서 보이는 게 있고 그로 인해 영감이 떠오르기도 한다. 또한, 기존에 적어둔 것 중 눈에 확연히 들어오는 것도 있을 것이다. 이렇게 반복하면서 천천히 몰입해보면 한 주 한 주가 달라진다. 너무 집중하면서 생각이 떠오르지 않는다고 짜증 낼 필요가 없다.

보통 책들을 보면 소목차가 40개 정도로 이루어진 게 많다. 생각나는 대로 나열해보며 목차를 기본적으로 두 배 정도의 양으로 써본다. 그보다 더 많은 양을 쓰면 효과도 그만큼 좋다. 쉬울 것 같지만 막상 시작해보면 100개 정도 채우는 작업이 무척 어렵다는 것을 알게 된다. 나중엔 적을 게 없어 썼던 목차를 보며 생각하게 된다. 그러나 상관없다. 중요한 것은 그렇게 많이 써보면서 좋은 목차가 나오기 때문이다. 이 작업을 하고 나서는, 집중했던 것에서 벗어나 며칠 다른 일을 하는 게 좋다. 그리고 다시 쭉 나열한 것을 고르고 지울 것은 지우면서 완성해 나간다. 이 작업을 두세 번 반복해도 좋다. 나는 이 방법을 목차에만 적용하지 않는다. 무슨 책을 쓸 수 있을까 영감이 떠오르지 않을 때나 막연할 때도 이용한다. 아주 효과적이다.

무조건 나열하며 만들어가는 것은 '고민을 고민하지 않기 위해' 쓰는 도구다. 고심하며 한 줄 한 줄 적으면 더 힘들어진다. 목차 구성에 가닥이 안 잡힐 때, 특히 양으로 승부한다는 마음으로 접근해야 좋은 결과도 따라온다. 생각이 떠올라 쓰는 경우도 있지만, 오히려 쓰다 보면 생각이 떠오르는 경우가 더 많다. 일단, 써보면서 쭉 나열하다 보면 자꾸자꾸 생각이 나게 되어 있다. 무조건 100개를 채운다는 목표로 적다 보면 숫자를 채우기 위해서도 좋은 생각이 떠오르는 경우가 있다. '양질전화(量質轉化換)'라는 말이 있다. 양이 쌓이면 결국 질로 변하게 되어 있다. 내가 포기하지 않는 한 성과는 언제나 나온다. 하지만 대부분 이 방법을 사용하지 않는다. 100개 이상 적어보겠다는 의지와 실행력이 약하기 때문이다. 주변을 보면 시간이 조금 오래 걸릴 뿐이지 실천한 사람은 대부분 목차를 만들어냈다.

_ 5. 본문을 쓰면서

이 방법은 초고를 쓰면서 목차 만들기를 병행해보는 것이다. 에세이 같은 경우 시간의 흐름으로 써본다. 목차 없이 책을 쓸 수도 있다. 하지만 목차 없이 책을 쓰기가 쉽지는 않다. 나는 기본적인 목차가 만들어져야 글을 쓸 수 있다고 생각한다. 제목이 좋으면 책을 쓰는 것도 즐거워진다. 목차도 마찬가지다. 좋은 목차 구성을 해놓으면 원고 쓰기가 쉽다. 하지만 사람마다 취향이 다르다. 어떤 방법이 맞다 틀리다 할 수 없다. 다만 목차는 지도라고 말했듯이 만들어놓고 쓰면 좋은 점이 많다. 일단, 주제에서 벗어나지 않고 글을 쓸 수 있다. 목차를 구성하며 만들어놓은 메시지들은 모두 길의 방향이 주제로 향해 있기 때문이다. 또 글을 쓸 때 미리 구상해놓은 밑바탕에서 더 확장해나가며 초고를 쓸 수 있다. 그때그때 떠오르는 것을 적으며 책 구성을 생각한다는 것은 쉬운 일이 아니다. 소설을 쓸 때도 마찬가지다. 아무리 목차구성 없이 쓴다고 해도 등장인물 정도는 정해놓고 쓴다. 만약 소설에 등장한 사람이 죽었는데 후반부에 살아날 수도 있다. 에

세이나 실용서를 쓸 때는 목차를 어느 정도 갖추고 쓰는 것이 좋
다. 본문을 쓰면서도 가능하다. 다만 원고를 쓰는 중간에 많은
변화가 생기는 것은 어쩔 수 없다.

_ 모두 연결되어 있다

앞서 설명한 목차를 만드는 다섯 가지 방법은 독자적으로 명확
히 구분되어 있는 게 아니라 서로 연결되어 있다. 구분하기 모호
하지만 크게 나눠 설명한 것이다. 중요한 것은 목차를 구상할 때
자꾸 생각하고 종이에 써보고 그림으로 표현해보는 것이다.
목차를 만드는 것에 요행은 없다. 다섯 가지 방법을 가지고 포기
하지 않고 만들다 보면 지도를 완성하는 것처럼 목차도 만들어
진다. 목차를 만들면서도 주제가 더 진한 농도로 응축되기도 한
다. 생각하지 않았던 좋은 제목이 나올 가능성도 커진다. 내가
의도한 것보다 더 좋은 기획이 나올 수도 있다. 최고의 방법은
다양하게 많이 만들어보는 반복 과정에서 나온다.

목차를 프린트해서
고쳐나간다

첫째는 목표가 명확해야 한다.

둘째는 일의 난이도가 적절해야 한다.

셋째는 결과의 피드백이 빨라야 한다.

황농문 교수가 쓴 《몰입》에 나오는 미하이 칙센트미하이(Mihaly Csikszentmihalyi)의 말이다. 몰입을 쉽게 하기 위해서는 위의 세 가지 요소가 잘 맞아야 한다고 한다.

이 세 가지 내용을 목차 구성할 때에도 적용하면 좋다. 특히 기획단계에서 목차를 만들어갈 때, 몰입 강도를 높이면서 완성도 있게 만드는데 도움이 된다. 구상한 목차를 프린트해서 보며 완성해가면 더 좋다. 종이라 장소에 구애 없이 수시로 꺼내 볼 수 있고, 펜으로 마음대로 수정하고 메모할 수 있다. 아날로그가 주는 장점이 꽤 크다. 미하이 칙센트미하이가 말한 세 가지 몰입 요소를 '목차 프린트물'에 대입하면서 살펴보자.

첫째, '목표를 명확히 하는 것'이다. 목차를 머릿속으로만 구상하며 대충 윤곽을 잡는 것보다 프린트해서 보면 더 명확해진다. 지금까지 진행된 목차를 눈으로 보면 진행 상황이 뚜렷이 보이므로 목표를 명확히 알 수 있다.

둘째, '난이도'는 현재 나의 수준에서 작성하는 것을 인정한다. 그리고 더 나아지는 것도 현재 능력으로 헤쳐 나가겠다는 사고를 해야 한다.

셋째, '피드백'에 대해서는 두 가지로 나눠 볼 수 있다. 혼자일 때는 바늘을 들고 판단해본다. 이 제목이 신선한가? 식상한가? 독자가 관심을 가지는가? 무관심한가? 생각해보며 만든다. 코칭을 받을 수 있다면 즉시 판단해볼 수 있다. 여러 사람과 함께 책쓰기를 한다면 저자와 독자를 동시에 경험하는 시간을 가져보며 피드백을 받는 좋은 방법이 될 수 있다.

혼자 하거나 코칭을 받으며 결과에 대해 피드백을 할 때, 중요한 것은 목차를 프린트한 종이를 보며 수정해야 더 효과적이라는 것이다. 직접 눈으로 보면 그만큼 몰입하기가 쉬워진다. 가지고 다니면서 꺼내보면 그렇지 않은 경우보다 몰입하는 시간이 빠르다. 그뿐 아니다. 집에서 책상이나 벽에 붙여놓고 가만히 들여다보면 몰입이 잘 된다.

책쓰기 강의 참여자 중 한 분은 목차를 적은 종이를 출간될 때까지 가지고 다니면서 보고 수없이 고쳐서 너덜너덜 휴지처럼 되었다. 나는 일주일 동안 가지고 다니는 패턴이 있다. 목차를 적은 종이를 틈틈이 보며 일주일 동안 수정한다. 그리고 한 주간 고친 것을 주말에 다시 작성해서 깨끗하게 프린트해서 가지고 다닌다. 이 작업은 초고를 완성할 때까지 반복한다. 다만 원고를 중간쯤 썼을 때 몇 주간 프린트한 목차를 그냥 가지고 다닌다. 초반에는 고치고 떠오르는 것들이 많아 보충을 하는데 후반부로 갈수록 고치고 보충하는 게 적어지기 때문이다. 여하튼, 목차를 프린트해서 종이에서 수정하고 첨가하는 작업이 몰입에 도움이 되는 것은 사실이다.

_ 다섯 번의 작성

나의 경우 목차를 만들 때 보통 다섯 번 정도 수정하는 편이다. 방법은 이렇게 한다. 첫 작성은 배열에 대해 신경쓰지 않고 생각나는 것을 종이에 적는다. 이때부터 종이에 인쇄해서 가지고 다니며 본다. 첫 번째 목차 기획은 사각형을 네다섯 개 그려놓고 대목차를 생각해본다. 또 별도로 생각나는 게 있으면 무조건 적어놓는다. 이렇게 하는 이유는 적다 보면 또 다른 생각이 떠오르기 때문이다. 종이는 가방에 넣어서 다니면 구겨지지 않을 텐데 성격상 항상 휴대하고 다니는 버릇이 있어 주머니에 넣고 다닌다. 종이가 구겨진 곳에 메모한 것이 잘 보이지 않아 한참 들여다볼 때도 있다. 그래도 종이 한 장을 휴대하고 다니는 버릇은 잘 고쳐지지 않는다.

종이에 적으면 감촉도 있고, 직접 메모할 수 있고 특히, 자유롭게 낙서하거나 그림이나 기호 등으로 표현할 수 있어 좋다. 첫 목차는 며칠 동안 가지고 다닐 때가 많다. 생각이 정리되지 않고 기획이 성글기 때문에 개구리가 튀는 방향처럼 정리하기 힘들기 때문이다. 어느 정도 생각이 정리되면 한컴에서 정리한다. '목차 2'라고 맨 위에 적고 다시 깨끗하게 수정한 목차를 프린트하여 종이를 가지고 다니며 첫 번째 작업과 동일한 과정을 되풀이한다. 어떨 땐 두 번째 목차를 기획하다 원점으로 돌아가 세 번째 목차 때 깨끗한 종이로 시작할 때도 있다. 그러나 걱정하지 않는다. 그동안 기획한 것이 머릿속에 남아 있기 때문이다. 어느 정도 종이에 쓴 목차를 가지고 메모도 하고 낙서도 하며 구상하고 나면, 네 번째 목차에서는 윤곽이 잡혀 나간다. 대목차, 소목차도 구분이 되고 전개 방향이 보인다. 그리고 수정 기간도 점점 짧아진다. 다섯 번째 정도 수정할 때면 소목차를 제목처럼 표현하려고 노력한다. 이렇게 해도 더하고 싶다면 계속 반복 진행하면 된다. 그러다 어느 정도 윤곽이 보이면 원고를 쓰면서 함께 수정해나간다.

내가 하는 방법에서 중요한 것은 종이에서 본다는 것이다. 분명 목차 진행이나 표현이 좋았다고 생각했는데, 다음 날 다시 보면 수정할 게 보인다. 또 다른 생각도 떠오른다. 재미있는 것은 출근하면서 볼 때와 점심시간에 볼 때 다르게 보인다. 저녁 산책을 할 때나 커피숍에서 보면 또 다르다. 장소와 시간, 그리고 마음의 상태에 따라 나도 모르게 조금씩 다르게 보인다. 원고를 쓸 때도 완성한 것을 그날 아무리 반복해서 봐도 잘 모른다. 최소 하루 정도 지나고 보아야 새롭게 보이는 게 생긴다.
지금은 손편지를 쓰는 일이 거의 없어졌지만, 예전에는 밤새 연애편지를 쓰고 지우며 완성하고, 다음 날 부치려고 읽어보다가 보내지 못하는 경우가 많았다. 왜냐하면, 전날 밤 감정에 푹 빠져 썼는데 다음날 그 감정이 아닌 상태에서 보니 혼자 봐도 쥐구멍에라도 들어가고 싶은 것이다. 목차를 종이에 프린트해서 여러 번 수정하며 기획을 하는 방법이 나에게는 가장 편하면서도 효과적이다. 시간과 장소에 따라 조금씩 다른 관점으로 볼 수 있고, 어떤 여건에서도 목차를 기획할 수 있다는 장점이 있고, 한 번에 완성하는 것이 아닌 여러 번에 나눠 작성하기 때문에 더 다양한 관점으로 기획하는데 도움이 된다.

내가 사용하는 이 방법이 꼭 최선이 아닐 수도 있다. 스마트폰에서도 얼마든지 할 수 있으니 각자 자신에게 맞는 방법으로 목차를 기획하면 된다.

목차와
패턴

—

무엇이든 처음 하는 것은 낯설다. 목차를 처음 만들어보는데 그 것 자체로 힘든 게 당연하다. 주제를 찾기 위해 책표지만 보고 연습을 해볼 수 있고, 제목을 만들기 위해 다른 책의 제목을 비틀 어보는 연습을 할 수도 있다. 그렇다면 목차는 기존의 책을 가지 고 어떻게 연습할 수 있을까? 목차는 패턴인식으로 접근해보면 다양한 체험을 할 수 있다. 내 책의 목차를 예상해볼 수도 있다.

_ 패턴인식

테니스 선수들의 강서브 속도는 200km가 훌쩍 넘는다고 한다. 눈 깜짝할 사이다. 뇌에서 판단하고 받을 수 있는 시간이 아니 다. 그런데도 상대 선수는 서브를 받아낸다. 어떻게 그럴 수 있을까? 상대의 패턴을 미리 읽고 있기에 가능한 것이다. 서브를 넣는 선수의 몸동작을 보고 공이 날아올 지점을 예측하는 것이다. 공이 어떤 구질로 올지 예상하고 준비하기 때문에 가능한 것이다. 테니스 선수들이 하는 것처럼 목차도 기존의 책을 가지고 패턴인식으로 살펴보는 연습을 해볼 수 있다.

앞에서 잠깐 언급한 도서 《원씽》을 가지고 다시 설명해보기로 한다.
"왔노라. 보았노라. 이겼노라." 율리우스 카이사르가 반란군을 진압한 후 친구에게 보낸 편지의 첫 문장이라고 한다. 명료하고 간결하게 하고 싶은 말을 저 짧은 문장에 다 집어넣었다. 《원씽》의 목차도 비슷한 패턴을 가지고 있다. 명료하고 간결하면서도 '서론 본론 결론'의 패턴을 가지고 있다.

- 1부 - 거짓말
- 2부 - 진실
- 3부 - 위대한 결론

대목차의 패턴이 명확하다. 이 책의 주제는 '단 하나'다. 무슨 일이든 가장 첫 번째 해야 할 것이 무엇인가를 찾는 것. 저자는 도미노를 가지고 설명한다. 아무리 많은 도미노를 세웠다 해도 첫 번째 도미노를 쓰러뜨리지 못하면 아무 일도 일어나지 않는다. 핵심은 첫 번째 도미노를 찾고 그것을 쓰러뜨리는 것이다. 자신의 목표를 위해 첫 번째 도미노를 찾는 '단 하나'가 무엇인지 설명한 책이다. 주제가 명확하고 목차도 거기에 대해 적확한 패턴으로 기획되어 있다. 간결하면서도 주제를 향해 모든 목차가 명쾌하게 설명하고 있다. 서론 본론 결론과 같은 패턴을 가져다 내가 기획하는 책의 목차로 활용할 수도 있다. 책의 목차를 패턴인식으로 살펴보면 다양한 구조를 알게 된다. 독서를 하면서도 목차를 유심히 살펴보며 어떤 패턴으로 만들어졌는지 관찰하는 연습을 해보면 좋다. 뿐만 아니라 패턴과 패턴을 결합해서 목차를 만들 수도 있다.

"패턴을 알면 적용할 수 있다."

_ 패턴형성

박웅현의《책은 도끼다》는 많은 독자의 사랑을 받은 책이다. 나 또한 그 독자 중 한 사람이다. 책에는 그가 소화하고 사색한 부분이 좋은 것도 있고, 글을 잘 써서 좋은 부분도 있다. 그런데 나의 관심은 목차다. 이 책의 목차는 패턴인식과 패턴형성을 섞어 놓았다. 쉽게 이야기하면 여러 형태의 패턴으로 목차를 만들었 다는 말이다. 목차를 보면 여러 시선에서 책에 접근한 것을 이야 기해준다. 자신이 책에서 울림을 받은 것을 통해서, 한 명의 작 가의 세계를 통해서, 한 권의 책을 통해서, 지중해의 문학을 통해 서, 삶을 바라보는 철학에 대해서….

다양한 관점으로 책에 접근한 것을 이야기하고 있다. 보통 독서 에 관련된 책의 목차를 보면 대부분 패턴이 일정하다. 책 소개, 독서방법, 독서경험 등 하나의 패턴으로 목차를 구성한다.《책 은 도끼다》는 그런 패턴이 아니다. 여러 가지를 혼합해서 만든 패턴이다. 목차에 일정한 패턴을 응용해보면 좋다. 한 발 더 나 아가 여러 가지 패턴을 섞어 새로운 것을 창조해보는 것도 배울 수 있다면 도움이 될 것이다.

무작정 글을 쓰다 보면 책이 완성된다고 생각할 수도 있지만, 현 실은 만만찮다. 주제 찾기, 제목 만들기, 기획의 꽃인 목차 구성 은 더더욱 그렇다. 패턴을 발견하고 나면 응용해서 사용할 수 있 다. 기존에 출간되어 있는 책의 목차를 보면서 내 책을 구상하는 데 응용할 수도 있다. 패턴인식과 패턴형성으로 목차를 살펴보 면 직접 기획하는 데 도움이 될 것이다.

서문 :
본문을 덜컥
읽고 싶게

———

서문의
첫 문장 쓰기

독자가 서문을 볼 때 처음으로 보는 것은 무엇일까? 당연히 첫 문장이다. 그래서 글을 쓰는 사람은 첫 문장에 고심을 많이 한다. 어떤 이는 첫 문장을 쓰는 것 자체가 두렵다고도 한다. 왜 그럴까? 서문의 첫 문장도 독자에게는 첫인상으로 다가오기 때문이다. 사람도 마찬가지 아닌가. 대부분 첫인상으로 그 사람을 판단한다. 책의 첫인상은 당연히 제목이다. 그리고 책을 펼쳐 들고 서문을 읽으면 독자는 첫 문장에 눈길을 주게 된다.

서문의 첫 문장에 정성을 들여야 한다. 출간된 책의 서문을 읽어보면 금방 알 수 있다. 서문의 첫 문장이 독자를 사로잡지 못한다면 어떨까? 본문까지 읽어볼 관심이 생기기 어려울 것이다.

실용서인 경우는 책의 큰 카테고리를 이야기해주는 것도 좋다. 그렇게 하면 독자는 이 책이 무엇을 말하고자 하는지 더 빨리 알게 된다. 그렇다고 무조건 첫 문장에 빠져들게 하려고만 하면 더 쓰기 어렵다. 첫 문장이 중요하다고 지나치게 강조하면 오히려 한 글자도 적지 못하는 문제가 생긴다. 해답은 어쩌면 멋진 첫 문장을 한 번에 쓰겠다는 생각을 버리는 것에 있을 수도 있다.

"두 번 쓰는 수고로움을 즐겨라."

_ 첫 문장도 첫인상이다

보통 서문은 본문을 다 완성하고 책 전체 내용을 가지고 독자가 이해하기 쉽게 풀어쓰는 것이다. 하지만 나는 책쓰기 수업을 할 때 항상 서문은 두 번 작성하라고 말한다.

먼저, 본문쓰기를 시작하기 전에 작성해보게 한다. 서문을 먼저 써보면서 주제나 독자를 구체적으로 느껴보기 위해서다. 서문을 적다 보면 본문을 어떻게 쓸지 떠오르기도 하고 전체적인 구상을 계획하는 효과도 있다. 나중에 본문을 완성한 후에 다시 쓸 수 있으니 첫 문장에 대해 지나치게 두려워하지 않아도 좋다.

두 번 작성하는 게 비효율적이라고 생각할 수도 있다. 그러나 첫 문장을 완벽하게 쓰려고 잔뜩 힘이 들어가 오히려 한 글자도 못 쓰는 것보다 좋은 방법이다. 또 연습 삼아 서문을 써보는 게 좋은 이유는 전체적으로 생각해볼 수 있는 기회가 되기 때문이다. 본문쓰기는 주제에 관해 부분적인 내용에 집중한다. 서문은 다르다. 책의 전체 내용과 독자가 왜 읽어야 하는지를 알려준다. 본문과의 이 차이점을 발견해야 한다. 그러기에 서문을 두 번 쓰는 수고를 즐길수록 더 좋다. 아니, 그보다 더 많이 써보는 것도 좋다. 다만 여러 번 하다 보면 지칠 수도 있으니 간결하게 본문을 쓰기 전과 후 두 번 정도 작성하면 좋을 것 같다.

책쓰기에서 서문을 큰 카테고리로 구분하면 재미난 경우가 생긴다. 주제, 제목, 목차와 함께 기획 부분으로 구분할 수도 있고, 문장을 쓰는 것이니, 본문쓰기로 생각해도 된다. 개인적인 생각으로는 서문은 기획 쪽에 가깝다. 그래서 이 책 목차에서는 서문을 기획 쪽에 넣었다. 서문 작성에서 발견해야 하는 것은 본문보다 두세 배 이상 공을 들여야 한다는 점이다. 아무리 본문 내용이 좋아도 서문을 읽고 감흥이 없으면 독자는 더 이상 읽지 않는다. 그러기에 최소 두 번 작성해보면 효과적이다. 이런 생각을 갖고 책쓰기를 하면 첫 문장을 쓰는 것에 대한 부담감도 적어진다. 처음 작성할 때는 본문 쓰는 것처럼 하고, 본문을 완성하고 다시 쓸 때는 처음 쓴 것을 보충하며 써볼 수도 있고, 완전히 다르게 쓸 수도 있다. 이 판단은 초고를 수정할 때 하면 된다. 완전 다르게 작성하는 것은 대부분 본문 내용이 처음 기획한 것과 많이 바뀌었을 때 특히 그렇다. 또 하나의 경우는 원고를 쓰며 좋은 문장을 발견했을 때도 그렇다. 분명한 것은 이렇게 두 번 작성해보는 방법으로 서문을 쓰면 본문을 처음보다 더 잘 전달하게 쓸 가능성이 커진다. "서문, 두 번 쓰는 것을 힘들어하지 마라." 오히려 독자에게 첫인상을 더 좋게 만드는 기회로 생각하자.

_ 본문과 다르다

책에는 서문이 있다. 머리말, 프롤로그 등으로 부르기도 하는데 책을 펼치면 앞부분에 나온다. 분명한 것은 서문은 본문의 쓰임과 다르다는 것이다. 가끔 본문의 한 부분을 써놓기도 하지만 대부분 내용이 조금 다르다. 서문은 말 그대로 독자들이 책을 읽기 전에 이해하기 쉽게 쓴 설명서라고 생각하면 된다. 본문은 주제를 다양하게 설명한 글이라고 하면 구분하기 쉽다. 본문은 '꼭지의 합'이다. "서문을 본문처럼 써도 상관없지 않은가요?" 라고 묻는 사람이 있다. 본문처럼 써도 된다. 에세이 서문은 그렇게 쓰기도 한다.

다만, 여기서 말하고 싶은 것은 서문을 본문과 다르게 써야 하는 이유에 대해서이다. 서문과 본문은 그 역할이 다르다. 왜 그런가? 서문은 독자가 본문을 읽고 싶게 만들어야 하기 때문이다.
예전에 책이 귀할 때는 서문의 역할이 지금보다 작았을 것이다.
하지만 지금은 책이 출간되는 양에 압도당해 독자들은 책을 선
택하는 것만으로도 벅차다. 이런 점에서 서문에서 이 책 내용이
어떤 카테고리에 있는지 독자에게 알려주면 좋다. 뇌가 큰 카테
고리를 인식하면 그만큼 받아들이기도 쉬워진다.

인터넷만 열어도 책 정보에 순식간에 접근하는 시대다. 그래도
책은 얕은 정보가 갖지 못한 것을 제공해주고, 한 주제에 관하여
깊고 넓은 지식을 제공해준다. 분량이 많아서 시간이 걸리고 이
해가 쉽지 않을 수도 있다. 그러니 책을 다 읽지 않고도, 이 책이
무엇을 말하려고 하는지? 대략의 내용은 어떤 것인지? 서문에서
친절하게 알려주어야 한다.
서문은 본문과 다르다. 어쩌면 서문은 독자가 책을 보게 만드는
초대장과 같은 역할을 해야 한다. 결혼식 초대장과 비슷한 기능
을 갖고 있는 것이다. 본문을 쓰는 것과 같은 방식이 아닌, 책 전
체를 간결하게 설명하는 형식이면 좋다.

이 책을
왜 읽어야 하는가

나는 서문의 역할, 다른 말로 '목적이 무엇인가?' 묻는다면 이렇게 말한다.

"본문을 덜컥 읽고 싶게"

서문을 읽었을 때 본문을 빨리 읽어보고 싶다는 마음이 들게 하는 것. 독자에게 이런 마음이 들게 한다면 서문의 역할은 충실히 했다고 생각한다. 다른 요소들도 있겠지만 많은 독자들이 제목에 이끌려 책을 선택한다. 그리고 책을 펼친다. 목차를 보니 몇 개의 꼭지는 눈에 들어오는 것도 있다. 제목이나 목차는 훑어봐도 상관없다. 앞뒤 문맥을 생각하며 읽을 필요가 없기 때문이다. 그저 눈에 들어오는 몇 개의 텍스트가 있는가 정도로 독자는 빠른 속도로 본다. 독자가 제목이나 목차를 보고 펼친 책에 계속 관심을 갖는다고 가정해보자. 그다음 독자는 서문이나 본문 중 눈길이 머무는 곳을 가볍게 읽어볼 것이다. 만약 서문을 읽었는데 안개 속을 걷는 느낌이 든다면 독자는 어떻게 반응할까? 아마도 본문을 읽으려는 마음보다 '뭔 책이야?' 하고 무관심해질 게 뻔하다. 아름다운 문장을 구사하는 것 보다는 독자가 본문을 덜컥 읽고 싶은 마음이 들게 하는 게 중요하다. 이 점이 서문에서 최우선으로 고려되어야 한다.

독자의 선택을 받을 때 그 책에 생명이 부여된다. 서문은 독자를 이 책으로 초대하는 초청장이다.

서문을 읽은 독자가 본문도 읽어보고 싶다는 마음이 들게 만들어야 한다. 서문의 여러 목적 중 가장 큰 것은 본문이 궁금하고 읽고 싶은 마음을 갖게 하는 것이다. 서문에 이것보다 더 중요하고 급한 것은 없다. 그러니 서문을 쓸 때, 어떻게 하면 독자가 본문을 읽고 싶어 할까? 를 생각하며 작성하는 게 중요하다.

_ 서문에 들어갈 내용

서문이 본문을 읽게 하는 초대장이라면 무엇이 들어가야 하는가? 그중에 핵심적인 내용은 무엇일까? 결혼식에 초대할 때 장소와 시간을 알리지 않는다면 어떻게 될까? 하객으로 가고 싶어도 갈 수 없는 상황이 생긴다. 독자가 본문을 읽고 싶게 만들기 위해서 무엇을 적어야 할까? 결혼식 초대장을 작성하는 관점에서 생각해보기로 하자.

"어떤 내용인가요?"
"왜 읽어야 해요?"

독자들은 서문을 읽을 때 속으로 생각한다. '어떤 내용인가요?' 이 소리 없는 질문에 쉽게 답해주는 내용이 서문에 들어 있어야 한다. 독자는 무슨 내용을 담고 있는 책인지 짧은 시간에 알고 싶어 한다. 답을 빨리 해줘야 한다. 서문을 보는 대부분의 독자는 첫 문장에서 두세 줄 문장을 읽다 관심이 없으면 책을 덮는다. 그러나 반대로 관심을 끌면 서문을 끝까지 읽을 확률이 급격히 높아진다. 이때 독자가 원하는 것, "아! 이런 내용이구나" 라는 것을 금방 알 수 있게 만들어야 한다. 거기에 더해 "왜 읽어야 해요?" 라는 독자의 질문에 대한 답까지 들어 있다면 독자에게 친절하고 좋은 서문이라고 생각한다.

'어떤 내용이지?' '내가 왜 읽어야 해?' 이 두 가지는 독자가 서문을 읽을 때 질문하는 것이다. 서문에서 답을 준다면 분명 관심 독자라면 그 책을 읽게 된다. 그리고 책을 선택한다.

서문에 들어갈 내용은 어떤 것이 있을까? 책 내용과 잘 맞는 인용문이 들어가는 것도 좋다. 정제된 힘이 있는 인용문은 누구나 그 문장을 음미하게 된다. 다만 연관성 있는 문장이어야 한다. 책의 내용과 연관이 있어야 하고, 그 인용 문장은 저자의 사색을 거쳐 나와야 독자에게 다가갈 수 있다. 본문도 그렇지만 서문이 독특하고 차별화되어 있다면 그 자체로 독자의 관심을 끌 수 있다. 서문은 다양하게 작성할 수 있다. 그러나 한 가지 잊지 말아야 할 것은 '서문은 본문과 다르다'는 것을 알고 써야 한다는 점이다. 서문의 목적은 그 책을 잘 이해하고 본문을 읽게 하는 길잡이이므로.

서문을 한 문장으로 설명한다면 "잘 쓴 서문 하나가 수많은 본문 부럽지 않다"라고 말하고 싶다. 어떻게 작성하든 서문에 필요한 것은 독자가 '본문을 덜컥 읽고 싶게' 만드는 것이다.

집필 계획서 :
기어코
쓰게
만드는 힘

———

원고 분량을 알려주는
내비게이션
—

주제와 제목, 목차, 서문을 작성하고 나면 이젠, 본격적으로 본
문을 쓸 차례다. 본문은 분량으로 보면 책의 거의 모두를 차지하
고 있다. 책쓰기에서 시간이 제일 많이 필요한 작업이다. 책 한
권 분량의 글을 쓰기 위해서는 지구력을 바탕으로 한 꾸준함이
필요하다. 조정래 작가는《태백산맥》을 쓸 때 종이 두 장에 소설
속 인물의 이름을 적은 후에 글을 썼다고 한다. 독자들이 이 책
을 필사를 하는 데만도 3~4년이 걸리는 분량이다. 필사는 책을
보고 쓰기라도 하지만, 저자는 창작하면서 쓴다. 그는《황홀한
글감옥》에서 창작의 치열함을 이렇게 말한다.

"어떤 대목에서는 열 번, 스무 번을 생각해도 마음에 드는 문장
이 안 될 때가 있습니다. 파지를 몇 장씩 내도 문장이 마음먹은

대로 엮이지 않습니다. 그런 고비 고비는 그 누구의 힘도 빌릴 수 없고 오로지 나 자신의 노력으로만 넘어가야 합니다. (중략) 문장 하나가 마음먹은 대로 되지 않아 한나절이 흘러 가버린 것을 뒤늦게 깨닫는 것이 한두 번이 아닙니다. 그럴 때 솟는 자기 회의와 환멸은 참 견디기 어렵습니다. 그 회의와 환멸을 딛고 일어서는 것 그것이 외롭고 쓰라린 작가의 길입니다. 험난한 설산을 오르는 알피니스트가 헛발을 디디는 일이 어디 한두 번이겠습니까. 그러나 그는 끝끝내 정상에 오릅니다. 아무리 어려운 고비라도 물러서지 않고 맞씨름을 하고 덤비면 끝내는 자기가 원하는 문장을 만들어내게 됩니다. 그럴 때 느끼는 성취감이야말로 작가 생활의 기쁨이고 새로운 활력이 됩니다."

집념이 얼마나 대단한가? 작가는 일반 사람이 범접하기 조차 힘든 치열함으로 글을 썼다. 수년간 재판을 받는 고생을 겪으면서도 장편소설을 집필한 것은 대단한 일이다. 그런 그도 집필계획서를 쓰고 시작했다고 한다. 이것이 나를 집중하게 했다.《황홀한 글감옥》을 보면 작가가 매일 집필한 분량을 기록하는 대목이 나온다. "소설을 쓰다가 아버지 임종을 못하였고, 장례를 치르느라 4일을 중단했고, 그 다음 날부터 다시 쓰기 시작했다." 그는 원고지 뒷면에 날짜를 쓰고 그 아래 하루 집필한 원고지 매수를 적었다. 그리고 그 밑에 전날과 그날의 분량을 함께 적어가며 대하소설을 완성했다. 여기서 중요한 것은 그가 매일매일 목표를 달성하기 위해 원고지 채운 분량을 숫자로 표시했다는 점이다. 바로 그 행동이, 나태해지거나 힘들 때 스스로 눈으로 보며 계획을 달성하게 하는 내비게이션 역할을 했다.

책을 쓸 때 기획을 완성도 있게 했고, 매일 한두 시간씩 글을 쓴다고 가정해보자. 그렇게 부지런히 써도 초고를 완성하는 데 2, 3개월 이상의 시간이 걸린다. 말이 그렇지 쓰면서 글이 잘 써지는 날도 있지만 그렇지 않은 경우가 더 많다. 중도에 포기하고 싶을 때도 많다. '글은 엉덩이로 쓰는 것'이라는 말이 있다. 맞는 말이다. 잘 써질 때는 감사해하며 쓰고, 글이 안 써질 때는 엉덩이를 들지 않고 써질 때까지 견디며 써야 한다. 그래야 많은 분량을 차지하는 본문을 채울 수 있고, 결국 원고를 완성할 수 있다. 하지만 몇 달을 각오만 다지며 쓰기는 불가능에 가깝다. 그러기에 매일 정해진 분량을 목표로 하고 실제 작업한 것을 기록하는 것, 엄청난 분량을 매일 쪼개서 자신의 성과를 확인하고 기록하는 힘은 강하다.

내가 작성한 것이지만 원고를 완성해가는 동안 나를 응원해주는 것이 바로 집필계획서다. 특히 힘들 때 나의 목표를 매일 달성하게 해주는 역할을 해주는 게 집필계획서다.

"매일 계속 쓰게 하는 힘"

간단한 계획을 세우고 매일 달성해가는 책쓰기를 할 것인가? 그저 써지는 만큼 글에 맡기며 무모한 책쓰기를 할 것인가? 원고를 완성하는 데 있어 둘 중 어느 방법이 더 좋을까? 당연히 매일 치열하게 쓰고, 목표를 달성하며 집필량을 적는 쪽이다. 원고를 지속해서 쓰게 하고 매일 확인하며 그날 기어코 목표분량을 달성하게 만드는 것이 집필계획서다. 이 단순함이 하루하루 성취를 느끼게 해준다. 특히 힘들게 그날의 분량을 채우고 집필계획서에 숫자를 기록할 때는 천군만마를 얻은 느낌까지 든다. 원고지 쓴 분량을 매일 적어나가는 이 단순한 행동이 본문을 끝까지 쓰고 완성하게 하는 역할을 한다.

집필계획서는 본문이 완성되는데 힘을 주는 역할 뿐 아니라 기간을 예측해주는 역할도 한다. 내가 세운 계획을 매일 달성한다면 원고 완성이 어느 정도 후에 가능한지 예측할 수 있다. 집필계획서에 매일 분량을 정하고 날짜와 숫자만 적은 후 단순하게 기록하는 것이 좋다. 복잡하게 적을 수도 있다. 기획의 첫 단계부터 주제를 언제까지 만들고, 제목, 목차까지 집필계획서에 넣어서 작성하는 사람도 있다. 각자 취향마다 다르겠지만, 나는 기획단계는 집필계획서에 넣지 않는 것을 선호한다. 주제는 딱 정해진 날짜까지 만들 수 있는 게 아니기 때문이다. 그렇다고 기획이 완성될 때까지 마냥 기다린다는 말은 아니다. 나는 영감이 떠오를 때 '얼개를 짜는 것은 일주일 아니면 한 달 정도 안에 만들자' 라는 생각을 하면서 작성한다. 그리고 본문쓰기에 들어갈 때 집필계획서를 작성한다. 내가 쓰는 방식은 그저 조정래 작가가 말한 것을 똑같이 흉내 내는 수준이다. 다만, 집필계획서는 스마트폰에 넣을 수 있는 크기의 포스트잇 한 장만 있으면 된다. 종이에 표를 만들어 날짜와 매일 쓴 분량을 적는다. 그리고 괄호에 합계 분량을 적는다. 또 하나는 원고를 쓰는 맨 밑에 표를 만들어 기록한다.

"매일 목표는 한 꼭지"

매일 쓸 분량은 단순하다. 매일 한 꼭지 쓰는 것(보통 A4 두 장 반 정도). 매일 꾸준히 쓴다면 초고를 보통 2~3개월 정도면 완성할 수 있다. 집필계획서에 날짜만 적고 매일 쓴 분량을 포스트잇에 숫자로 기록할 때 스스로 칭찬을 해준다. 그리고 글을 쓰는 내내 각오를 다지게 된다. 원고를 쓰는 동안 매일 꺼내 보면서 기록한 흔적을 보면 원고 진척도 알 수 있다. 스스로 세운 목표를 달성해나가는 것을 눈으로 보면 기분이 좋아진다. 원고 내용이 좋고 나쁘고에 상관없이 집필계획서는 본문을 꿋꿋하게 써나가게 해주는 동행자다. 수첩도 좋고, 원고를 쓰는 곳 한 공간에 적어도 좋다. 핵심은 집필계획서를 만들고 매일 목표로 잡은 분량의 원고를 채우기 전까지 다른 것을 하지 않겠다는 생각을 실천하는 것이다. 매일 지루할 것 같은 반복에도 꾸준히 적는 것, 이것이 원고를 완성하는 비법이다. 초고를 완성하는 긴 시간을 보며 쓰면 힘들어진다.

나의 집필계획서 작성방법은 항상 같다. 위에 설명한 것처럼 조정래 작가의 방식을 좋아하고 흉내라도 내고 싶어 한다. 그래서 작가처럼 원고지 절반 뒷면에 작성하지는 않고, 포스트잇에 하는 경우와 원고를 쓰는 맨 아래에 표를 그리고 기록한다. 포스트잇은 스마트폰에 넣어 다닌다. 매일 깨알 같은 숫자를 적으며 어떨 땐 원고를 쓰는 게 이 숫자를 적는 재미 때문에 하는 게 아닌가 하는 착각이 들 때도 있다. 꼭 초등학생이 선생님에게 '잘했어요!'라는 스티커를 받는 심정이랄까.
나에게 집필계획서는 여러 계획보다 딱 하나! 본문원고를 완성

하는 것을 매일 확인하는 데에 치중되어 있다. 더 직설적으로 말
하면 완성도 있는 글보다 분량 채우는 작업 쪽에 가깝다. 그래서
날짜와 그 밑에 그날의 분량과 전날과의 합계 분량을 적는 것이
끝이다.

"진실로 마음을 견고하게 세워 한결같이 앞을 향해 나아간다면
태산이라도 옮길 수 있으리라."
다산 정약용 선생의 말이다. 집필계획서에 매일 목표한 것을 적
어나가는 힘은 태산도 옮길 수 있는 것처럼 원고를 완성하게 하
는 힘이 있다.

예비 출간기획서 작성

본문을 쓰기 전, 책쓰는 것에 관해 전반적으로 생각을 해보는 시간이 필요하다. 그것이 출간기획서다. 원고를 완성하고 나면 출판사에 투고할 때 출간제안서를 작성하게 된다. 이 밑그림을 본문을 쓰기 전에 미리 그려보는 것이다. 원고를 완성하고 출간제안서를 작업해도 되지만 기왕이면 본문의 전체적 윤곽도 생각해보고, 원고 완성 후 작성하는 출간제안서의 완성도를 높일 수 있는 바탕이 된다.

그렇다면 출간기획서에는 무슨 내용을 적어보면 좋을까? 첫 책쓰기로 본문쓰기도 벅찬 사람이 많으므로 스케치 정도로 작성하면 된다. 특정한 틀이 있는 게 아니므로 일단 거칠게라도 작성해보는 것이 중요하다. 대략 다음과 같은 내용들을 담으면 된다.

1. 주제

2. 제목

3. 독자

4. 핵심내용

5. 나의 프로필

6. 유사도서와의 차이점

7. 집필 기간

8. 책을 쓴 의도

9. 기타

전체적으로 내가 기획한 것을 다시 생각해보며 주제, 제목, 독자, 핵심내용 등을 적어본다. 또 참고하는 책이나 유사 도서를 선정하고 비교를 통해 나만의 차별화가 무엇인지 생각해보는 것도 좋다. 프로필은 미리 작성해 봄으로써 원고 완성 후 출간제안서를 만들 때 도움이 된다. 그리고 내가 이 책을 쓰는 동기나 의도를 적어보고 기타 필요한 것을 작성해본다. 마지막으로 집필 기간을 계획한다.

너무 잘 꾸며 쓸 필요는 없다. 본문을 쓰기 전, 내가 쓰려는 것을 전체적으로 다시 한 번 생각해보는 작업으로 여겨도 좋다. 출간제안서는 편집자에게 내 원고를 보여주는 것이다. 그러니 출간

기획서의 독자는 편집자다. 이 관점에서 원고 완성 후 필요한 것들을 미리 생각해보는 작업이면 된다. 며칠씩 고민하며 작성할 필요도 없고, 그저 독자뿐 아니라 편집자를 염두에 두고 작성해보는 것이다. 완성하지 않아도 되고, 가벼운 스케치를 한다는 생각으로 작성하면 된다.

_ 과정에 집중하자

본문쓰기에 들어갈 때는 머릿속에서 결과에 대한 부담을 털어내는 것이 더 중요하다. 이제부터는 과정에 집중해야 한다. 원고를 쓰면서 초고를 완성하는 것에 의미를 두어야 한다는 말이다.

책을 쓰기 위한 기획을 마쳤다. 그런데도 '이 책을 쓰면서 나중에 출간이 될까?' 고민할 필요 없다. '지금 글쓰는 것이 독자에게 읽힐까?' 걱정할 필요 없다. 본격적으로 원고를 꾸준히 쓰는 것, 유지가 더 중요하다. 많은 분량을 나의 글로 채워나가는 것, 이것보다 앞서는 것은 없다.

말(言)에 행(行)이 따라야 진실함을 알 수 있다. "매일 글을 쓰는 사람이 작가다"라는 말을 나는 "매일 한 꼭지를 쓰는 사람이 책을 완성할 수 있다"라고 응용해서 말하고 싶다. 매일 집필계획서에 하루 분량을 달성하고 기록하는 책쓰기를 하면 된다.

본문쓰기

경험을 글로 풀어내는 순간
우리는 작가가 된다

제 2 부

본문쓰기 :
현재 실력에서
써라

———

0 1 0

—
본문,
이렇게 써도 된다!
—

첫 책을 쓰는 사람들은 대부분 본문쓰기에 들어가면 힘들어한
다. 왜 아니겠는가! 좋은 기획을 탄탄히 만들었어도 마찬가지다.
만약 기획마저도 엉성하게 하고 본문쓰기에 들어가면 더 힘들
다. 매일 글을 쓰면서 원고의 분량을 채워야 완성된다는 것은 누
구나 알고 있다. 그러나 머리로 이해하는 것과 현실에서 글을 쓰
는 것에는 차이가 있다. 책쓰기는 나 자신이 아닌 그 누가 대신
해줄 수 없다. 내 경험에서 나오는 주제와 나만의 문체를 흉내
낼 수 없기 때문이다. 그럴수록 글쓰기는 이렇게 출발해야 한다.

"철저히 현재 수준에서 쓴다."

잘 쓰겠다는 부담을 벗어야 쓰는 게 쉬워진다. 쓰면서 점점 좋아

질 수 있다. 현재의 나를 믿고 출발해야 한다. 사실, 현재 내 수준 말고 다르게 글을 쓸 방법도 없다. 고집을 피우면서 1년 정도 독서를 더 많이 하고 책쓰기를 시작하려는 사람도 있다. 이건 순서가 바뀐 이야기다. 글은 나 자신의 경험에서 나온다. 그러니 지금 쓸 글을 찾아야 한다.

_ 지금 내 수준에서 써라

일단 써야 한다. 쓰면서 내 수준이 점점 나아지면 된다. 쓰다가 정보가 필요하거나 부족한 자료를 찾기 위해 독서를 하는 것은 좋다. 그러나 책을 많이 읽고 나서 본문을 쓰겠다는 건, 남이 쓴 글을 옮겨다 적겠다는 것과 같다. 내 경험을 끄집어내서 쓰는 게 아니기 때문이다. 그러니 부족해도 좋다. 내가 외치고 싶은 주제를 현재 수준에서 쓰면 된다. 그렇게 쓰면서 성장한다. 부족한 건 책을 읽든 공부하면서 보충하면 된다.

나 또한 본문을 먼저 써 놓은 후에 책쓰기 관련 서적을 읽어볼 생각이다. 그러나 지금은 아니다. 독서한 것이 이 원고에 영향을 줄지, 좋은 인용문구나 새로운 영감을 얻을지는 알 수 없다. 그러나 그렇게 할 것이다. 중요한 건 먼저 모든 것에 앞서 지금 나의 수준에서 더 잘 쓰려고 하지 않을 것이다. 현재 그럴 수도 없다. 나 자신에 집중해 글을 쓰는 것이 최우선이다. 뭘 꾸미려 해도 지금 바뀌는 것은 없다. 그러니 현재 내 수준에서 써야 한다. 본문쓰기가 조금 편해졌는가?

_ 글쓰는 과정에만 집중하라

본문을 즐겁게도 쓸 수 있고 괴롭게도 쓸 수 있다. 각자의 생각에 달렸다. 창의적 글쓰기가 쉽다는 말은 아니다. 매여 쓸 일이 아니다. 글을 쓰면서 자꾸 결과에 매달리면 글쓰기는 고난으로 바뀐다.

'혹시 출간계약이 안 되면 어떡하나?'

'독자들의 관심이 없으면 어떡하나?'

글을 쓰는 과정에 집중하지 못하고 뒤에 벌어질 결과에만 집중하고 생각하면 글쓰기가 무척 어려워진다. '인생은 하루하루의 합'에 의해서 이루어진다. 글을 쓰는 동안에도 주어진 시간에 내가 책쓰기를 하고 있다는 사실에 감사하며 집중해야 한다. 결과가 똑같다 해도 분명한 것은 책쓰는 것을 자신의 배움의 과정으로 받아들이며 쓴 사람이 더 성장할 수 있다. 세계의 거장들도 똑같은 과정을 거쳤다. 누구나 그렇게 작가의 길에 들어선다.

"과정에 집중하며 쓴다."

첫 책을 쓴다면 특히 글쓰는 과정에 집중해야 한다. 출간될까? 고민할 필요 없다. 그렇다고 지금 쓰는 글이 더 좋아지지 않는다. 오히려 부담감에 더 위축되고 쓰기가 힘들어진다. 순간마다 나 자신의 글을 쓰려고 하는 것이 좋다.

'주객전도(主客顛倒)'라는 말이 있다. 주인과 손님의 위치가 서로 뒤바뀐다는 말이다. 본문을 쓰는 과정에 집중하지 않고 그것으로 생기는 결과에만 집중하면 힘들어진다. 많은 분량의 글을 채워야 책은 완성된다. 매일 본문쓰기를 하는 것. 이것에만 몰입해야 한다. 이 과정에서 어떤 날은 한 글자도 못 쓰는 숨 막히는 경험도 할 것이다. 그래도 쓰는 것에만 집중해야 그 험난한 산을 넘어설 수 있다. 큰 산을 오를 때도 마찬가지다. 그 품에 들어가면 산은 보이지 않는다. 정상은 한 발짝 딛는 나의 걸음에 집중하면서 올라가야 한다. 본문쓰기를 할 때는 글쓰는 것에만 집중해야 한다. 글을 쓰는 과정에만 집중해야, 나중에 잘 써지지 않아 흔들릴 때 극복할 수 있는 힘이 생겨난다.

본문쓰기가 조금 편해졌는가?

—
기대하는
글쓰기
—

글이 이끄는 대로 나 자신을 맡겨보라. 잘 이해되지 않는다면 '15분 글쓰기'를 해보길 권한다. 내가 진행하고 있는 '쓰기 독서 모임'에서 하는 방식이다. 주제를 정해 15분간 글을 써보는 것이다. 짧은 시간 써보는 글쓰기의 특징은 고민하지 않는 글을 쓰는 것에 있다. 결론이 나지 않아도 좋고, 글이 먼저 가고 쓰는 사람이 뒤따라간다는 느낌으로 글쓰기를 해보는 것이다.

아무리 목차를 정교하게 작성했다 해도 메시지를 풀어쓰는 본문은 내가 의도한 대로 써지지 않는다. 그저 내가 쓰는 글을 따라 이야기를 풀어가면 고민하며 쓰는 것보다 쉽게 써질 때가 많다.

"글이 이끄는 곳으로 가본다."

오늘 쓴 글과 일주일 뒤에 쓰는 글이 똑같을까? 절대 그럴 수 없다. 천재의 암기력을 가지지 않은 이상 말이다. 원고를 쓰다 저장을 깜빡하고 컴퓨터를 끄는 바람에 썼던 글을 몽땅 날린 적이 있다. 두 꼭지 정도였는데 다음 날 열심히 생각을 복기하며 글을 썼지만 전날 쓴 내용과 전개가 달라졌다. 같은 주제라도 그날그날 글이 달라진다는 걸 절실히 경험했다.

기왕이면 기대하는 글을 써보는 것도 괜찮은 방법이다. 주제를 벗어나지 않는 범위라면 내가 지금 쓰는 글이 이끄는 대로 가본다는 생각으로 적는 것도 필요하다.

본문을 작성하기 위해 경직된 마음을 가지면 갑자기 하고 싶은 것이 많아진다. 인터넷 검색도 하고 싶고, 커피도 한잔 마셔야 할 것 같다. 관심에 없던 책이 눈에 들어와 읽고 싶어지기까지 한다. 책쓰기를 시작하는 것이 생각보다 저항이 많이 걸린다는 방증일 수도 있다. 이것을 벗어나는 방법은 하나다.

"쓰면 써진다."

먼저 해보고 그래도 아니라면 그때부터 고민하며 써도 늦지 않다. 쓰다 보면 더 글이 써지고 생각도 더 나게 돼 있다. 일단 글을 쓰고 더 좋은 글이 되게, 나중에 몇 번이라도 고치겠다는 마음을 가지면 완성도 있는 문장을 쓸 수 있다.

본문쓰기가 조금 편해졌는가?

—
쓰며
배운다
—

기획도 성글게 했고, 꼭지에 대해서도 기본적인 개념을 알았다.
이젠, 매일 글을 쓰면 된다. 본문쓰기의 여정이 시작된 것이다.
그런데 막상 쓰려니 막막하다. 원고지 사용법도 잘 모르겠고, 맞
춤법에도 자신이 없다. 생각해보니 글을 쓰는데 뭐 하나 자신 있
게 내세울 것이 없다. 책을 쓰고 싶다는 생각을 하기도 쉽지 않
았다. 내가 세상에 외치고 싶은 주제를 찾고 기획을 하기도 쉽지
않았다. 하지만 이건 생각을 바꾸고 과정마다 발견하면서 헤쳐
나가면 된다.
그래도 막상 책의 분량을 채우려니 거대한 벽 앞에 서 있는 기분
이 든다. 무얼 배우고 써야 할지? 고민만 늘어간다. '책쓰기는 발
견 위에 써야 한다.' 이 책의 핵심 주제다. 본문쓰기의 발견은 이
막막함의 고민을 알고 그것을 어떻게 배울 것인가에 달려 있다.

이 문제는 고민할 것 없다.

"쓰며 배운다."

글을 배우는 데 이보다 더 좋은 방법은 없다. 모두가 이 과정을 통해 글쓰는 것을 배우고 성장한다. '매일 글을 쓰는 사람이 작가'라는 말은, 매일 글을 쓰며 배워가는 사람이라는 말과 통해 있다. 본문을 쓸 때 나의 현재 수준에서 출발해야 한다. 쓰면서 배우고, 또 배우면서 쓰면 된다. '책에는 작가의 영혼이 담긴다'라는 말도 있다. 책에는 삶도 담긴다. 삶은 시간이 흐르는 과정 자체에 있다. 글을 쓰는 것 또한 마찬가지다. 현재 수준에서 출발하며 계속 배워가는 것이다.

"완벽한 글은 존재하지 않는다."

완벽한 삶이 존재하지 않듯이 완벽한 글도 존재하지 않는다. 그러기에 쓰게 되면 배움도 시작된다. 그러니 쓰는 것이 우선이다. 글을 쓸 때 이것을 발견하면 마음이 편해진다. 쓰며 배우는 것이 책쓰기이고, 삶을 살아가는 우리의 태도다. 책쓰기를 하려면 글을 쓰는 것이 먼저여야 한다. 막막하고 어려워도 글을 써나가야 한다. 아직 많이 부족해서 책쓰기를 못한다는 사람들이 많다. 먼저 글쓰기와 책쓰기 관련 지식을 습득하겠다는 사람을 보면 열에 아홉은 결국 시작도 못 한다. 아주 중요한 문제다. 본문을 쓰는 것도 매일의 과정으로 바라볼 필요가 있다. 책쓰기가 삶 자체가 되고, 내가 성장하는 배움으로 이용한다면 매 과정에 집중할 수 있을 것이다.

나도 첫 책을 쓸 때 처음에는 출간이 안 되면 어떡하지, 남들에게 쓴 글을 보이는 것이 불안하기도 했다. 그러나 이내 마음을 바꿨더니 본문을 쓸 수 있었다. 마음이 편해졌다.

"원고를 쓰고 잘 안 되면 기껏해야 출간을 못 하는 것 뿐 아닌가. 그래도 내가 쓴 글은 남는다. 출간에 얽매이기 보다 단 한 사람이라도 이 글을 읽고 희망의 씨앗을 발견하는 글을 쓰자."

무언가에 체했다가 뻥 뚫리는 느낌이었다. 책쓰기가 결과가 아닌 목적이 되는 순간 더 편하게 글을 쓸 수 있었다.

원고를 채워나가는 것, 글을 써나가는 것을 너무 거창하게 생각할 필요가 없다. 현재 내 수준에서 출발하면 된다. 쓰면서 배운다는 태도로 글을 쓰면 된다. 쓸수록 나 자신이 성장하고 배울 수 있다면 이보다 좋은 공부가 어디 있겠는가. 글쓰는 요령을 잘 모른다고 걱정하기보다 쓰면서 배운다는 태도를 발견하면 된다. 이 마음으로 꾸준히 쓰면 원고를 완성할 수 있다.

본문쓰기가 조금 편해졌는가?

_ 진실하게 써라

정해진 것은 없다. 현재가 출발선이다. 책쓰기를 시작할 때 누구나 최선을 다해 쓰고 싶어 한다. 자신과 독자를 만족시키는 글을 쓰고 싶어 한다. 완벽한 글을 쓰고 싶어 한다. 그러나 그 반대에는 진실함보다 꾸미려는 마음이 자리한다. 꾸며 쓰는 것은 책쓰기의 본질을 버리는 글쓰기다. 옹달샘에 물을 계속 퍼 올리면 그만큼 채워지는 것처럼, 기교는 없지만 진심을 담아 거침없이 쓰는 마음이 필요하다. 쉽게 말해서 형편없는 글을 쓰는 마음을 가져야 한다. 글에 기교를 부리지 않고 날것의 힘을 믿으며 쓸 때, 내가 원하는 방향으로 써진다. 첫 원고를 쓸 때는 누구도 의식하지 말고 나만을 바라보며 쓰는 것이 먼저다.

"형편없는 글을 쓴다."

쓰다 보면 나의 내면에서 나오는 소리를 받아 적게 된다. 그 울림이 어떤 것인지 흘러나오는 대로 적는다면 좋겠지만 매번 그럴 수는 없다. 그래도 꾸며 쓰려 애쓰는 글을 버리고 써야 한다. '형편없이 글을 쓰려 할 때' 결국 글은 더 자연스러워지고 잘 써진다. 예쁘게만 포장된 글이 아닌 진실함이 묻은 투박한 글을 독자는 더 좋아한다. 글쓰는 자신도 마찬가지다. 그러니 형편없이 쓰는 것에 주눅들 일이 아니다. 오히려 그렇게 써보려는 생각도 하지 않는 것이 더 문제일 수 있다.

본문쓰기가 조금 편해졌는가?

_ 경험에서 써라!

"자신이 경험한 일화를 쓰면 세상에 유일한 글이 된다."

《대통령의 글쓰기》를 쓴 강원국 작가의 말이다. 내가 경험한 것은 세상 그 누구도 말할 수 없는 유일한 것이다. 나의 경험을 쓰면, 그것은 당연히 세상에서 단 하나밖에 없는 글이다. 책쓰기는 창조적인 글쓰기이면서 세상에 단 한 사람 바로 그 책을 쓴 저자가 만들어낸 것이다. 그러기에 우리는 더 내 이름으로 된 책을 가져보길 갈망하는지도 모를 일이다.

"경험에서 써라! 세상에 유일한 글"

발견 6

한 꼭지 :
책 분량의
열쇠

―――

0 1 1

매일 한 꼭지의
글을 써라

책쓰기 수업에서 본문쓰기를 시작할 때 빠지지 않고 하는 말이 있다.

"매일 글을 써라."

처음부터 분량을 채우라고 하기 보다 기획 단계에서는 매일 글 쓰는 연습을 통해 습관을 만들어간다. 기획이 잘 떠오르지 않으면 그것도 글로 풀어쓰면서 떠올려보라고 한다. 책을 완성하는데는 많은 발견과 끈기가 필요하다.

책쓰기의 기본은 결국 글을 쓰는 것이다. 주제가 떠오르지 않으면 주제 찾는 것에 대해 글로 써보는 것이다. 내가 쓰려 하는 것이 무엇인지 스스로 질문과 답을 해보며 그것을 글로 표현해보는 것이다.

"매일 한 꼭지 글을 쓴다."

본문쓰기에 필요한 '단 하나'를 꼽으라면 나는 단정해서 말한다. '매일 글을 쓰는 것.' 여기서 더 몰입 강도가 높아지면 '매일 한 꼭지를 쓰는 것'이다. 오늘은 바빠서 못쓴다, 내일은 몸이 안 좋아서 못쓴다, 자신에게 핑계를 대지 말아야 한다. 작가란 '매일 글을 쓰는 사람이다.' 오늘 실천할 것인지 내일부터 실천할 것이지 마음먹기에 따라 작가의 출발선이 달라진다.

"글쓰기는 민주적이다. 거기에는 계급이 없다. 노벨문학상을 받았다고 해서 뭐가 다르겠는가? 그 사람도 다음날 일어나서 다른 작품을 써야 한다."

《뼛속까지 내려가서 써라》를 쓴 나탈리 골드버그의 말이다. 아무리 서투른 글을 쓴다고 해도 매일 꾸준히 글을 쓴다면 누가 뭐래도 작가다.

'매일 글을 쓰는 것' 이것을 발견하는 순간 본문쓰기에 중도 포기는 없어진다.

_ 책은 한 꼭지의 합이다

실용서나 에세이는 대개 40개 정도의 꼭지로 구성된다. 40개를 넘으면 그만큼 글 분량이 적어지고, 모자라면 한 꼭지 분량이 늘어나는 경우가 대부분이다. 한 꼭지를 잘 이해하고 그것들의 합을 계산하면 대략적인 책 분량까지도 알 수 있다. 이것만 알면 처음 책쓰기를 하는 사람도 원고 분량에 대한 감을 잡을 수 있다.

한 꼭지란 독립적으로 완전한 한 덩어리의 글이다. 목차에서 위치를 마음대로 옮길 수 있어 조립이 가능한 레고 블록에 비유하기도 했다. 한 꼭지는 주제에 연관된 것을 설명하면서도 그 자체로 독립적인 내용을 이루고 있다. 이 말은 독자가 감동할 수 있는 최소한의 스토리가 담겨 있다는 뜻이다. 그러기에 한 꼭지에 대해 확실히 이해를 하고 책쓰기에 들어가야 한다.

한 꼭지를 어떻게 구성하는지 알게 되면 문장 전개에 관해 알아갈 수 있다. 결국, '주제에 관해 메시지를 말하는, 완전하게 만들어진 최소 단위'를 '한 꼭지'로 이해하면 본문을 쓰는 것이 쉬워진다. 다만, 한 꼭지 글을 어떻게 잘 쓰느냐는 다른 문제다. 어떻게 책에 배열하느냐의 문제도 남는다.

한 꼭지를 이해하고 글을 쓰는 것과 이 개념 없이 쓰는 것에는 분명 차이가 있다. 한 꼭지를 잘 이해하면 그만큼 구체적으로 글을 쓸 수 있다.

책 분량과
한컴

보통 원고를 쓸 때 대부분 한컴(한글프로그램)으로 쓴다. 출판사에 투고를 하거나 원고를 넘길 때도 한컴으로 보낸다.

"A4, 100장"

한컴을 켜면 A4 규격에 글자크기 10포인트, 160폭으로 되어 있다. 있는 그대로 본문을 써나가면 되고, 이렇게 쓸 때 100장이면 책 한 권의 분량이 된다. 대략 평균 책, 200~250페이지 정도다. 이 기초지식을 가지고 한 꼭지에 대입해보면 40꼭지를 쓸 경우 대략 '100장÷40꼭지=2.5장(A4 분량)'이 나온다. 물론, 책 편집과 디자인을 어떻게 하느냐에 따라 전체 페이지는 달라질 수 있다. 책 판형과 글자 배열에 따라 분량이 조금 많이 나오기도 하고 적어지기도 한다. 이는 추후의 문제다. 기본 분량을 알면 내가 더 써야 하는지 아닌지 예측할 수 있기 때문에 막연하게 책쓰기를 진행하는 것보다 효과적이다.

정확하게 계산하지 않아도 된다. 한컴에서 A4, 100페이지를 기준으로 생각하고 쓰면 된다. 초고를 쓸 때 이 분량에 한참 모자라거나 넘쳤더라도 상관없다. 모자라면 채우면 되고 넘치면 줄이면 된다. 한 꼭지에 대한 이해와 한컴에서 어느 정도의 분량인지를 인지하면 큰 틀에서의 책쓰기 감각이 생긴다.

나는 이 부분을 잘 몰라서 첫 책을 쓸 때 고민을 많이 했다. 글을 쓰는 내내 도대체 얼마나 써야 하는지 감이 오지 않아 힘들었다. 이제는 'A4, 100장을 쓴다' 생각하고 분량을 채워가며 원고를 써나가고 있다.

하루 글 분량의
목표

나는 집필계획서가 단순하다. 계획을 세우는 것도 단순하다. 그
저 날짜를 적고 매일 한 꼭지씩 쓰는 걸 표시하며 확인하는 것이
다. 그래서 기획이 끝나고 본격적으로 본문쓰기에서 글을 쓰고
멈추는 것은 한 꼭지로 시작하고 끝난다. 첫 책을 쓰면서 각자
기준점을 잡고 있으면 좋다.

첫 책을 쓸 때 나의 목표는 매일 A4 두 장씩 꼭 쓰는 것이었다. 그
러나 두 번째 책을 쓰면서부터는 한 꼭지를 쓰는 것으로 바뀌었
다. 그리고 지금도 그것을 유지하고 있다. 다만 주말이어서 글쓰
는 시간도 많고 그날따라 잘 써지면 더 많이 쓰기도 한다. 하지
만 대부분 한 꼭지를 쓰는 것에 집중한다. 완성도도 있고 분량도
적당한 날은 기분이 좋다. 하지만 글이 잘 써지지 않는 날에는
몸이 비비 틀리고 내용도 자꾸 못마땅하다. 결국 분량을 채우지

못하는 경우도 생긴다. 그러나 어떻게든 글을 쓰기 시작하면 한 꼭지를 마무리하려 애쓴다.

본문쓰기에 본격적으로 들어가면 나는 무조건 하루 글의 분량은 한 꼭지로 한다. 그래야 본문쓰기가 단순해진다. 집필계획서도 마찬가지다. 목차를 작성할 때 소목차를 40개 정도 구성했다면, 원고를 쓰는 날도 대략 40~50일 정도 걸린다. 책은 한 꼭지의 합으로 만들어진다. 그러니 매일 작은 조각 한 편씩 완성한다는 생각으로 쓰면 좋다. 한 꼭지를 목표로 매일 원고를 쓰면 글쓰는 게 자연스럽게 습관이 된다. 생각해보면 하루 글 분량을 한 꼭지로 잡으면 초고를 완성하는 것과 퇴고할 때도 좋다. 퇴고 때도 본문을 쓸 때의 패턴 그대로 한다.

하루에 쓸 글의 분량이 머릿속에 확실히 인식되면, 글쓰는 호흡도 거기에 맞춰진다. 매일 글을 쓰는 것에서 더 나아가 글 분량을 한 꼭지로 확정해서 쓰다 보면 어느덧 본문이 완성된다.

문장 :
문장보다
메시지가 우선이다

—
쓰면서 배우는
문장
—

문장을 잘 쓰는 방법은 무엇일까? 맞춤법은 어떻게 해야 할까?
두괄식으로 써야 할까? 본문쓰기에 들어가면 생각지도 않은 것
들이 머리를 아프게 한다. 원고지 쓰는 법과 맞춤법을 완벽하게
배우고 글을 쓰려 한다면 어떻게 될까? 평생 공부하느라 책을 못
쓸지도 모른다.

문장을 잘 쓰는 것에 관해서는 쉽고 간결하게 이야기하고 싶다.
문장은 배워서 쓰는 것이 아니라, 나 자신의 문체에서 나오는 것
이므로 쓰면서 배우는 게 최선의 방법이다. 책쓰는 요령을 많이
안다고 문장이 좋아질까? 책쓰기 강의를 하면서 경험해보니 아
니었다. 참여자들은 책쓰기에 관한 기본적인 사항만 알고도 글
을 쓰는 데 문제가 없었다. 문장에 관한 것을 먼저 배우고 글을
쓰겠다는 건 앞뒤가 맞지 않는 말이다.

_ 1. 독자의 고민에서 쓴 문장은 사랑받는다

저자가 메시지를 들려주는 사람, 독자를 제일 먼저 떠올려보자. 글을 잘 쓴다는 건 독자에게 메시지를 잘 전달하는 것이다. 그러기에 문장쓰기의 첫걸음은 독자를 앞에 앉혀 놓는 데서 출발하는 게 좋다. 글을 쓰면서 독자가 앞에 있다고 생각하며 써야 한다. 일기는 대상을 생각하지 않고 쓰는 글이지만 책쓰기는 엄연히 다르다. 독자가 없으면 책이 존재할 이유가 없다. 저자의 글을 들어줄 단 한 사람의 독자와 마주 앉아 이야기하는 느낌으로 쓰면 좋다. 글을 쓰다 보면 독자를 잊어버리게 되기도 하지만 그래도 의식적으로 그렇게 해야 한다. 독자와 마주하며 쓸 때 글의 전달력이 더 좋아진다.

여기서 '고민'해야 할 것이 있다. 독자의 고민 가운데로 들어가서 글을 쓰는 것이다. 독자의 고민을 알고 해결책까지 제시해줄 수 있다면 끌림이 강한 글이 된다. 독자가 글을 읽으며 자신을 위해 쓴 것이라는 걸 느낀다면 관심을 갖게 되는 게 당연하다.

_ 2. 메시지가 우선이다

원고를 쓸 때 맞춤법 때문에 고민한 적이 있다. 관련 책을 몇 권

사서 읽어보기도 했다. 재미가 없었지만 꾸역꾸역 읽었다. 그러
나 돌아서면 기억에서 사라져버렸다. 스토리로 연결돼 있다면
그나마 머릿속에 남아 있을 텐데, 기억력이 좋지 않다고 죄 없는
머리만 구박했다. 맞춤법에 관한 책은 우리가 잘 틀리는 것에 대
하여 올바로 쓰는 법을 가르쳐준다. 그러나 본문을 쓰다 보면 글
자 하나하나가 맞았는지 틀렸는지 확인하며 쓰기가 어렵다. 현
실적으로 적용하기도 힘들다. 가끔 모르는 단어나 틀린 글자를
인터넷 사전으로 검색하며 확인하는 정도다.

원고를 쓰며 맞춤법에 얽매이면 굉장히 힘들다. 맞춤법보다는
메시지 전달과 초고 완성이 우선이다. 한컴에서는 맞춤법이나
띄어쓰기가 틀리면 빨간색으로 표시를 해준다. 나는 본문을 빠
르게 쓸 때는 맞춤법이 틀려도 무시한다. 틀린 글자에 집중하기
보다 어떻게 메시지를 잘 전달할지를 고민한다. 전체적인 문장
구성과 메시지에 집중하며 원고를 완성하고 난 후, 맞춤법에 신
경을 쓴다. 또 적절한 단어를 썼는가도 이때 사전을 찾아가면서
찾아본다. 요즘은 한글 교정기 프로그램이 많아 그곳에서 고치
기도 한다. 원고를 쓸 때보다 이때 맞춤법 공부를 한다. 한글사
전을 옆에 놓고 해보지 않아서 잘 모르겠다. 인터넷 사전은 수시
로 참고한다. 사전을 검색하며 맞춤법도 보고, 다르게 표현할 단

어도 살펴본다. 본문을 쓰면서 사전을 보는 것은 필수다. 전업 작가처럼은 아니어도 부지런히 사전을 찾아봐야 한다. 초고를 쓸 때는 솔직히 자주 보지는 않지만, 원고를 완성하고 다시 보충하고 수정할 때는 많이 사용한다. 특히, 퇴고 때 단어 표현이 막힐 때 대체할 만한 단어를 찾을 때도 사전을 이용한다. 각자 취향에 따라 다르겠지만 맞춤법에 신경이 쓰여 글쓰는 데 지장이 있다면, 우선 무시하고 쓰는 방법을 추천한다. 본문쓰기에서 메시지가 먼저, 그리고 맞춤법에 신경 쓰는 순서도 괜찮다.

_ 3. 단문으로 끊어 써라

무엇을 쓰든 짧게 써라. 그러면 읽힐 것이다.
명료하게 써라. 그러면 이해될 것이다.
그림같이 써라. 그러면 기억 속에 머물 것이다.

퓰리처의 말이다. 짧게 쓰면! 그만큼 읽기 쉬워진다. 실전에서 경험해보니, 잘 아는 내용이어야 짧게 쓸 수 있지, 그렇지 않으면 짧게 쓰는 것만큼 어려운 일도 없었다.
짧게 쓰면서 명료하게 쓴다면 낭연히 독자의 이해는 높아질 것이다. 그렇게 쓰려 노력해야 한다. 더불어, 글을 읽는데 풍경이 떠오르고 이미지가 머릿속에 그려진다면 표현을 잘한 글이다. 그런 글은 당연히 기억에 오래 남을 것이다. 생각해보니, 다 좋은 말이고 글쓰는 데 적용해야 한다. 그러나 막상 내 본문쓰기에 적용하려면 진땀이 난다. 퓰리처의 말을 머리로는 이해하지만 실전에서 짧게, 명료하게, 그림같이 글을 쓴다는 건 솔직히 쉽지 않다. 첫 원고를 쓰는 사람들의 대부분은 책 한 권을 다 베껴 써 본 경험도 거의 없다. 거기다 책쓰기를 하는 것이다. 남의 글을 보며 쓰는 게 아니라, 자신의 문장으로 책 한 권 분량의 글을 써야 한다. 퓰리처가 말한 걸 적용할 여유가 없다.

"단문으로 써라."

핵심은 단문이다. 즉, 문장을 끊어 쓰려고 노력하면 된다. 될 수 있으면 한 문장에 하나의 뜻이 들어가게 해야 한다. 이 기본적인 것을 지키면 퓰리처가 말하는 것과 비슷해진다. 물론, 원고를 쓰다 보면 한 문장에 여러 뜻이 들어 있을 수도 있다. 그렇다고 무조건 고칠 필요는 없다. 원고를 작성하고 난 후, 그런 문장들은 될 수 있는 대로 리듬감을 살리면서 단문으로 바꿔보면 된다. 짧은 글은 잘 읽힐 것이다. 이해도 될 것이다. 거기에 잘 쓴 짧은 문장이라면 그림같은 이미지가 떠오를 정도는 아니라도 기억에도 남는 글이 될 수 있다. 문장을 쓸 때 복잡하면 짧게 끊어 쓰려고만 해도 글이 좋아진다. 정보 과잉 시대다. 어쩌면 독자들은 아름다운 문체보다 간결하게 표현한 글을 바라고 있을지도 모른다. 모든 문장이 단문일 수는 없다. 또 단문만 계속 나열하기보다 오히려 적당히 장문을 섞어서 리듬감을 살린 글이 더 좋다. 부자연스럽지 않을 정도에서 될 수 있는 대로 짧은 문장으로 표현하는 것이 좋다는 말이다.

소설가 김훈은 "주어와 동사만 가지고 글을 쓰고 싶다"라는 말을 했다. 쉽지 않은 말이다. 실제로 원고를 써나갈 때는 그저 짧게 끊어 쓴다는 생각만 가져도 충분하다. 무조건 짧은 글이 좋은 건 아니지만 짧고 간결하게 쓴 문장이 눈에 더 들어오는 건 사실이다. 그러니 처음에 힘들다면 일단 원고를 써놓고 나중에 단문으로 고쳐보자.

_ 4. 가로줄, 세로줄의 시원함

문장을 쓰다 보면 어디서 쉼표를 넣어야 할지, 줄을 바꿔야 할지, 어디서 칸을 바꿔야 할지 고민될 때가 있다. 고가 후미타케가 쓴 《문장수업》에 쉽게 설명이 되어 있다.

A) 그가, 지친 표정으로 전철을 기다리는 그녀에게 말을 걸었다.

B) 그가 지친 표정으로, 전철을 기다리는 그녀에게 말을 걸었다.

구두점 위치가 다를 뿐인데 A) 문장에선 지친 표정을 짓는 사람이 '그녀'이고 B) 문장에서는 '그'이다. 쉼표 하나로 내용이 달라진다. 쉼표 없이 '그가 지친 표정으로 전철을 기다리는 그녀에게 말을 걸었다.'라고 쓴다면 독자는 매우 혼란스러울 것이다. 이런 문제는 글을 소리 내어 읽으면서 해결할 수 있다. 소리 내어 천천히 읽다 보면 쉼표를 넣을 곳이 쉽게 발견된다.

  "시각적 리듬의 관점에서 보면 구두점은 '글자 사이=가로'의 압박감을 효과적으로 해소한다. 그에 비해 행갈이는 '줄 사이=세로'의 압박감을 해소하는 역할을 한다."

소리 내서 자신이 쓴 문장을 읽으며 고치는 것은 쉼표뿐 아니다. 고가 후미타케가 말한 대로 구두점을 찍으면 글자와 글자 사이 즉, 가로줄을 읽는 시각적 리듬이 좋아진다. 또 행갈이를 하는 곳은 책에서 설명하기를 '구두점보다 더 큰'한숨 돌리는 포인트가 된다'라고 말한다. 직접 해보니 확실히 눈으로만 읽는 것보다 발견하기도 쉽고 보기도 좋다.

_ 5. 중복만은 피하자

한 문장에 같은 단어를 계속 쓰는 것. 어쩔 수 없을 때도 있고, 일부러 반복 강조하기 위해서 쓰기도 한다. 이 책에도 중복된 단어가 들어 있을 것이다. 그러나 글을 쓸 때 될 수 있는 대로 지키려고 노력해야 한다. 독자는 한 말 또 하는 것을 싫어한다. 특히, 한 문장에 똑같은 단어를 반복하면 싫증을 느낀다. 이 책에는 '책쓰기'라는 단어가 많이 나온다. 첫 책을 쓰고 싶어 하는 독자들을 위한 책쓰기 내용이기 때문이다.
의도적으로 반복하는 경우가 아니라면 한 문장 안에 같은 단어를 많이 쓰지 않는 게 좋다. 퇴고할 때 특히 다른 단어로 표현할 수 있는지 찾아보아야 한다.

_ 6. 인용은 사색을 통해

독서를 하다 보면 다른 책에서 가져온 인용 문장들이 많다. 저자의 입장에서 원고를 쓸 때도 마찬가지다. 책쓰기에 도움이 된다면 아낌없이 가져오고 싶다. 그러나 한계가 있다. 인용할 문장이 아무리 훌륭해도 나의 사색을 통해 나올 수 없다면 그것은 그냥 베껴쓴 글이 되어버린다. 간혹 좋은 인용구를 만나 무릎을 치며 깨달은 것을 적을 때가 있다. 그런데 나중에 알고 보니 다른 책에도 그와 비슷한 이야기를 풀어놓은 것을 발견할 때가 있다.

류근모 저, 《상추 CEO》를 읽다 이런 문장을 보았다.

"성공을 믿는다는 말은, 안 된다고 미리 한계를 긋지 않겠다는 뜻일 뿐이다."

'그렇지, 한계를 높이 가지면 그만큼 더 도전할 수 있구나!' 그런데 가만히 생각해보니 '한계가 없다고 생각하면 한계에 갇히지 않겠구나!'라는 생각이 들었다. 그런데 다른 책에도 내가 생각한 것과 비슷한 내용이 많았다. 나보다 먼저 생각한 사람이 있다는 사실이다. 상관없다. 중요한 것은 저자의 생각에서 곰삭아 나온 것을 사용할수록 좋다. 사색을 거쳐 나온 인용이어야 내가 쓰는 책 본문과의 연관성도 더 깊어진다.

"유홍준의 《나의 문화유산답사기》 서문에 19세기 문인 유한준의 글귀를 옮겨놓은 부분이 있다. 유홍준 씨는 원문의 뜻이 어긋나지 않는 선에서 다음과 같이 의역했다.

사랑하게 되면 알게 되고 알게 되면 보이나니 그 보이는 것은 예전 같지 않으리라. (원문: 知則爲眞愛 愛則爲眞看 看則畜之而非徒畜也)"

《상추 CEO》에서 인용한 문장이다. 나 또한 이 문장을 좋아하고 나의 첫 책에서 인용했다. 유홍준의《나의 문화유산답사기》에 나온 내용을 류근모 저,《상추 CEO》에서 보고, 다시 나의 첫 책 《하루 25쪽 독서습관》에 인용한 것이다. 독서를 통해 전과 같지 않은 시선을 갖게 된 나의 모습을 잘 설명해주는 문장이다.

책을 읽으면서 그 영향으로 세상을 보는 나의 시선이 달라져가는 것을 많이 느꼈다. 류근모 저자의 사색을 통해 나온 인용은 그것으로 존재한다. 또 내가 다시 인용한 문장도 별도로 존재한다. 좋은 인용이란 '누가 먼저 사용했는가'가 중요한 게 아니다. 그보다는 자신의 깨달음과 사색을 통해 다시 해석되어 나온 것, 그리고 책의 내용과 어울리는 인용인가가 더 중요하다. 글에 인용한 내용이 나의 사색을 통해 나올 때 문장도 힘이 생긴다.

_ 7. 결론부터 써라

메시지를 먼저 말할 것인가? 서론 본론 결론의 구조로 말할 것인가? 여러 방법으로 문장을 전개하고 쓸 수 있다. 첫 책을 쓴다면 될 수 있는 대로 두괄식 문장으로 쓰는 것이 좋다. 에세이나 실용서를 보면 메시지를 먼저 말하고 그것을 증명하거나 자신과 연관된 스토리로 전개하는 경우가 많다.

요즘 독자들은 정보가 넘쳐나 두괄식으로 쓰지 않은 글은 잘 읽지 않으려는 경향도 있다. 미괄식으로 쓴다고 나쁜 것은 아니다. 다만 독자들은 바쁘다. 결론을 먼저 이해하고 그것에 따라 전개하는 글을 읽으려는 것에 익숙해져 있다. 나 또한 독자로서 실용서를 읽을 때, 무슨 내용인지가 먼저 눈에 들어오지 않으면 안 읽게 된다. 특히 시간이 부족할 때 더욱더 그렇다. 두괄식으로 쓴다는 것은 쉽게 말하면 '결론부터 써라'다. 말하고 싶은 것이 무엇인지 먼저 말하고 그 뒤에 그것을 설명하고 예를 들며 글을 쓰는 것이 좋다.

초고 :
완벽이 아닌
완성이 답이다

---

0 1 3

—

초고,
일단 완성하라

—

초고(草稿)란, 아직 다듬어지지 않은 상태로 있는 원고를 말한다. 이 말은 고칠 것을 전제로 쓴다는 말이다. 지금 쓰는 원고도 완벽보다 완성을 위해 빠르게 썼다. 철자법, 앞뒤 문장 크게 신경 쓰는 것보다 오히려 분량을 채우려는 목적이 더 크다.

초고를 쓰는 방법에는 여러 가지가 있다. 책을 쓰겠다는 결심을 했고, 기획도 했다. 이어서 본격적으로 본문쓰기에 돌입했다. 이제 쓰는 게 최우선이다. '짧고, 명료하게, 그림같이 써라'라고 한 퓰리처의 말도 나중이다. 쓰면서 발견하는 것이 더 좋다. 쓰다 보면 생각하지 못했던 메시지가 떠오른다. 거칠게 쓴 글이라 구성도 엉성하고, 쓰면서 마음에 안 들 수도 있다. 상관없다. 그래도 나는 빠르게 쓰려 하는 편이다. 글은 써놓고 반복해서 다듬으면 된다. 그 과정에서 글을 짧게 만들고, 명료하게, 이미지로 떠올리게 하면 된다. 초고를 쓸 때는 '어떤 메시지를 쓸까'에 집중하는 글쓰기를 해야 한다.

짧게 쓰고 싶고, 명료하게 쓰고 싶고, 이미지가 떠오르게 쓰고 싶다면, 초고를 쓸 때는 반대로 해보자. 그렇게 초고를 완성해야 기댈 구석이 생긴다. 글쓰는 게 힘들어도 초고가 있으면 출발하는 토대가 되어준다.

책쓰기를 하는 중, 완성도 높은 몇 개의 꼭지를 써놓은 것과 조금 엉성하지만 초고를 완성해 놓은 것 중 고르라면 나는 서슴없이 후자를 선택할 것이다. 초고에 높은 완성도까지는 기대하지 않기 때문이다. 특히 첫 책쓰기를 한다면 완성도에 연연하지 말고 쓰라고 독려한다. 책을 많이 쓴 작가들은 초고를 쓸 때도 상당히 완성도 높은 글을 쓸 것이다. 조정래 작가는 《황홀한 글감옥》에서 한 문장을 쓰는데 세 번씩 생각하며 적는다고 한다.

"완벽을 기하기 위해 저는 기본적으로 한 문장을 세 번씩 생각한 다음에 원고지에 적습니다. 처음 떠오르는 문장은 진행되는 이야기를 풀고 엮는 의례적인 것일 뿐입니다. 그 문장을 그대로 적으면 무개성하고 상투적인 문장의 나열에 지나지 않습니다. 그 문장을 자기만의 것으로 만들기 위해 다시 한 번 생각합니다. 그리고 자기의 개성과 문학성을 살리기 위해 또 한 번 생각합니다. 그 세 번째 곱씹기에서 만족하면 비로소 원고지에 옮겨 적습니다. 세 번씩의 되작거리기와 곰삭히기는 대장장이가 강한 쇠를 얻기 위해 몇 차례씩 담금질을 하는 것과 같습니다. 그렇게 하다 보면 문장 하나하나가 또릿또릿한 모습을 갖출 뿐 아니라, 앞문장이 뒷문장을 밀고, 뒷문장이 앞문장을 당기는 긴장과 탄력이 생기게 됩니다. 그 세 번씩의 곱씹기는 아주 짧은 시간에, 아주 빠르게, 자동기계가 움직이듯이 이루어집니다. 많이 써보면 그 사동적인 작동이 점점 빨라지고 원활해지는 것을 느낄 수 있습니다. 그게 무한 능력을 지녔다고 하는 인간의 뇌의 작동이겠지요. 그 신비스러움을 느낄 때, 그것이 고통 속에서 맛보는 즐거움일 것이고, 스스로 놀랄 만큼 좋은 문장이 나타났을 때 터지는 기쁨, 그것이 그 무엇과도 바꿀 수 없는 성취감이라는 것이겠지요. 그러나 모든 문장이 다 그 세 번씩의 되작거림으로 완성되는 것은 아닙니다. 어떤 대목에서는 열 번, 스무 번을 생각해도 마음에 드는 문장이 안 될 때가 있습니다. 파지를 몇 장씩 내도 문장이 마음먹은 대로 엮이지 않습니다. 그런 고비 고비는 그 누구의 힘도 빌릴 수 없고 오로지 나 자신의 노력으로만 넘어가야 합니다."

따라 할 수만 있다면 조정래 작가의 글쓰는 방법을 배워보고 싶다. 그가 말하는 것처럼 작가도 한 분야의 장인과 같다. 그러나 우리는 이제 책쓰기를 발견하며 걸음마를 시작하는 단계다. 초고를 천천히 쓰며 완성도 높은 문장을 쓴다고 잘못된 것은 아니다. 다만 처음부터 너무 주눅이 든 책쓰기를 할 필요가 없다는 뜻이다. 책쓰기는 긴 시간 집중력과 끈기를 요구한다. 첫 책을 쓴다면 더더욱 완벽보다 완성에 무게를 두고 빠르게 초고를 완성하는 글을 써보는 것이 좋다.

"초고는 완벽이 아닌 완성이다."

'잘 쓰고 있는 건가?' 몇 달 동안 쓰면서도 하루에 몇 번씩 걱정이 밀려온다. 잘 쓰고 있는지 누구에게 보여주지도 못하고, 설사 보여준다 해도 명확한 답변을 얻기 힘들다. 이럴 땐 글을 스피드 있게 쓰는 것도 좋다.

이혁백 작가의 《하루 한 시간, 책 쓰기의 힘》에 다음과 같은 버나드 쇼의 이야기가 나온다.

밤새 집필 작업을 마치고 새벽녘에 잠이 든 버나드 쇼의 방에 그의 부인이 들어왔다. 부인이 그의 원고를 읽고 나서, "당신의 글은 쓰레기 감이에요." 하고 소리쳤다. 그러자 그는 태연한 듯이 이렇게 말했다.

"맞아. 하지만 일곱 번째 교정을 마친 후에는 완전히 달라져 있을 거라고…."

거장들도 초고를 쓰고, 고치고, 첨가하고, 다듬어 글을 완성한다. 그러니 걱정은 초고를 완성하고 해도 늦지 않다. '잘 쓰고 있는 건가?'라고 자신에게 하는 질문을 '잘 쓰든 못 쓰든 초고를 완성하자'라는 다짐으로 바꿔라. 쓰는 동안 아무리 걱정해도 글이 좋아지거나 나빠지지 않는다. 한 글자 한 글자 고민하면서 쓰다 보면 메시지 전달에 집중하기 힘들다. 글쓰는 작업이 자꾸 중단되고 쓰는 글에 의심이 든다. 책쓰기 작업은 쉬운 일이 아니다. 속도감 있게 글을 쓰면 이런 것도 어느 정도 방지된다. 나는 책을 쓸 때 속도에 치중한다. 문장의 완성도와 탄탄한 내용 전개보다 초고를 한번 마무리해본다는 쪽에 무게를 두고 쓴다. 이 방법이 꼭 옳다는 건 아니지만 초고를 완성하는 데 훨씬 덜 힘들다. 부족한 부분은 나중에 몇 번의 퇴고를 거쳐 보완하면 된다.

책쓰기 수업에서 한 달 만에 초고를 완성한 수강생이 있었다. 원고 내용을 보니 문장 전개도 좋았다. 글을 하루에 얼마나 썼는지 물어보았다. 일하는 시간을 빼고 거의 원고를 쓰는 데 몰입했다고 한다. 그에게 한 달은 어쩌면 하루처럼 지나갔을 것이다. 여기서 중요한 것은 글쓰는 것에만 집중하다 보니 과연 원고가 계약될지? 읽어줄 독자는 있는지? 등에 얽매일 시간도 적었다는 사실이다. 쓰는 것에 몰입하다 보니 다른 생각을 할 여유가 없었던 것이다. 불안한 마음은 원고를 마무리하고 출간제안서를 만들 때 찾아왔다. 그러나 글쓰는 과정에 몰입하며 작성해놓은 원고가 있으니 걱정 없었다. 한 달 정도 몇 번이고 원고를 수정하며 완성도를 높이는 작업을 했다. 그리고 원고를 쓴 지 두 달 만에 출간 계약까지 했다.

거침없이
써라

초고에서 우리는 속도감 있는 글쓰기도 발견할 줄 알아야 한다.
글은 쓰면 써지게 되어 있다. 서 있다가 빠르게 달리려면 엄청난
힘이 필요하지만 천천히 뛰고 있다가 빠르게 달리는 것은 상대
적으로 쉽다. 책쓰기도 비슷하다. 너무 어렵게 생각하지 말고 기
획한 대로 빠르게 작업해가면서 초고를 한번 완성해보자. 중간
에 기획과 다른 방향으로 전개되는 경우도 생긴다. 그럴 때는 고
치고 또 속도감 있게 쓰면 된다.

"초고 작성은 스피드다."

책쓰기 강의 때 자주 하는 말이다. 초고 완성이 쉽기도 하고 글
을 쓰는 동안 생각하지 못했던 메시지가 떠오를 확률도 높아진
다. 글쓰는 재미도 있다. '괴로운 책쓰기? 즐기는 책쓰기?'는 마
음먹기에 달려 있다.

창작에는 당연히 고통이 따를 수밖에 없다. 세상에 없던 것을 내어놓는 작업이다. 첫 책을 쓸 때는 될 수 있는 대로 초고 완성에 집중하는 속도감 있는 글쓰기가 좋다.

_ 스피드를 즐겨라

삼성에서 반도체를 개발할 때 이건희는 두 가지 방법을 가지고 고민했다고 한다. 홍상화 작가의 《이건희》에서 이렇게 이야기한다.

> 반도체를 스택(위로 쌓아 올리는) 방식으로 할 것인지, 트렌치
> (파고 들어가는) 방식으로 할 것인지의 문제에 대해 단안을 내린
> 것도 그 자신이었다. 이건희는 자서전에서 이것에 대해 이렇게
> 말한다.
> "나는 복잡한 문제일수록 단순화하려고 한다. 두 기술을 단순화
> 해보니 스택은 쌓는 것이고 트렌치는 지하로 파고 들어가는 것
> 인데 위로 쌓는 것이 더 쉽다고 판단했다."

반도체 개발을 선택하는 큰 결정에 그는 쌓아 올리면서 개발하는 스택 방식을 택했다. 그 선택으로 인해 일본 도시바를 앞설

수 있었다고 말한다. 이 이야기를 하는 이유는 초고를 쓸 때 이 방법을 응용해보았기 때문이다. 책쓰기를 트렌치 방식으로 한다는 건 꼼꼼하게 글을 가다듬으며 완성도 있게 쓴다는 말이다. 이 방법은 장점도 있지만 반대로 고민을 많이 하게 되고, 글쓰는 속도도 느리다. 시간이 흐를수록 불안감도 높아간다. 그래서 나는 스택 방식처럼 글을 쓸 때가 많다.

일단 이 방법은 목차가 어느 정도 구성되었을 때 효과적이다. 시간의 흐름대로 쓰는 글이나 순서대로 설명하는 원고일 때 좋다. 방법은 이렇다. 목차를 먼저 써놓고 빠르게 글을 쓴다. 이 책도 빠르게 썼다. 빠르면 2주, 보통 한 달 정도면 쓴다. 핵심은 완벽이 아닌 완성이다. 목차를 보며 생각나는 대로 처음부터 끝까지 빠르게 적어나간다. 떠오르는 게 많아 분량이 넘치는 꼭지도 있고, 한 줄 쓰기도 힘든 꼭지도 있다. 쓸 게 생각나지 않는 꼭지는 고민하지 않고 건너뛴다. 그리고 그다음 꼭지 글을 쓴다. 반도체 개발의 스택 방식처럼 마구 글을 쓰면서 분량을 늘려간다. 스피드가 생명이라고 생각하고 결과에 연연하지 않는다. 어떻게 글이 전개되는지도 걱정하지 않는다. 떠오르는 대로 써보는 것이다. 어떨 땐 손가락이 아플 정도로 쓰기도 한다.
간혹 글을 쓰는 게 두려울 때도 있다. 혹시 독자들이 이렇게 쓰

는 것에 관심이 없는 건 아닐까? 출판사에서조차 관심이 없을 정
도로 유치하지는 않을까? 이런저런 걱정이 든다. 내가 쓰고 있는
글에 대한 확신이 없을 때 이런 생각은 자주 든다.

사실 이 책을 쓰면서도 마찬가지다. 원고를 완성할 때까지 불안
감이 없었다거나 글쓰는 게 힘들지 않았다면 그건 거짓말이다.
새벽 5시에 회사에 나와서도 쓰고, 퇴근길에 도서관에 들러서 쓰
기도 했다. 의지가 약한 탓에 중간에 불쑥 포기하고 싶은 마음이
들 때도 많았다. 그런 점에서 빠르게 초고를 쓰는 방법은 불안감
을 줄여주는 효과가 컸다.

_ 나의 초고 쓰는 법

1. 목차를 만든다.
2. 목차의 순서대로 빠르게 쓴다.
3. 글이 잘 써지는 목차는 계속 쓰고,
   반대로 안 써지면 공백으로 남긴다.
4. 한 번에 후퇴 없이 끝까지 쓴다.
5. 몇 번의 반복으로 보충하고 수정한다.

나는 초고를 빠른 속도로 쓴다. 일단, 목차를 구성한 그대로 쓴

다. 그래서 될 수 있는 대로 기획 때, 목차를 세심하게 다듬는다. 대략 기획이 구성되면 본격적으로 초고를 쓴다. 죽이 되든 밥이 되든 최대한 빠른 속도로 초고를 완성한다. 그리고 판단해본다. 고치고 추가하면서 전체적 전개가 어떤지 살펴본다. 그 뒤에 문장도 보고 맞춤법도 본다. 초고를 쓸 때보다 느린 속도로 원고를 매만진다. 여기서 중요한 게 있다. 반복적으로 계속 수정하는 것이다. 일필휘지(一筆揮之)로 완성도 높은 초고를 쓰는 사람도 있다. 하지만 소수일 것이다. 나는 그렇게 써보지도 못했고 실력도 없다. 그래서 빠르게 쓰고, 반복하며 수정한다. 처음 초고를 빨리 썼을 뿐이지, 몇 번의 초고를 반복해서 쓴 것이나 다름없다.

첫 책을 쓰는 사람이라면 천천히 쓰기보다 나의 방식을 응용해 봤으면 한다. 나는 초고를 책쓰기의 스케치 작업이라 생각하고 쓴다. 스케치 작업이라는 말은 더 그릴 수 있다는 뜻이다.

초고를 빠르게 완성하는 것은 목차가 구성되어 있어야 가능한 방법이다. 목차가 구성되어 있지 않은 상태에서 이 방법을 쓰면 작업을 한 번 더 해야 한다. 나중에 주제와 관련이 없는 글은 버려야 하고 글 순서도 다시 배열해야 한다.

책쓰기 수업을 하며 초고를 완성하는 것에 우선순위를 두라고 말하면 "천천히 생각하며 완성도 있는 글을 쓰는 것이 좋다"고 말하는 수강생도 있다. 나는 그것도 맞는 방법이라고 답해준다. 그러면 도대체 빨리 쓰라는 것인지 천천히 쓰라는 것인지 헷갈린다고 한다. 나는 둘 다 옳다고 말해준다. 중요한 것은 초고 완성에 집중하는 책쓰기를 하는 것이다. 어떤 방법으로 쓰든 옳다. 빠르게 쓰는 방법이 무조건 옳다는 말이 아니라 글쓰는 스타일은 모두 옳다. 결국 책을 쓰고 완성하는 사람은 단 한 사람, 글을 쓰는 작가 자신이기 때문이다. 나는 빠르게 쓰며 반복 수정하는 글쓰기를 선호할 뿐이다. 하지만 천천히 생각하며 글을 쓰기도 한다. 나무와 소통하는 에세이를 쓸 때는 나무 아래에서 노트북을 켜놓고 생각을 골똘히 하며 글을 쓰곤 했다. 그래도 초고를 완벽하게 쓰기보다 빠르게 완성해보려는 생각은 변함이 없다.

_ 형식에 얽매이지 마라

산을 오르는데 양복을 입고 구두를 신으면 어떨까? 등산객들의 비웃음을 살 것이다. 초고를 쓸 때도 마찬가지다. 형식에 너무 얽매일 필요 없다. 양복을 입고 흙이 묻을까 조심조심 산을 오르지 말고 등산복을 입고 성큼성큼 올라가는 게 좋다. 한 번에 산을 오르며 그 산 전체를 알려고 하는 것은 욕심이다. 오히려 서너 번 반복하면서 그 산을 알아가는 것이 더 현명한 방법이다.

첫 책쓰기 작업, 모든 것이 생소하고 어렵다. 초고를 쓰다 맘에 안 든다고 해도, 허접하다 해도, 일단 완성해놓으면 근거가 생긴다. 이제부터 비빌 언덕이 있다. 이야기들이 많을수록 좋다. 이제 이야기 덩어리들을 다듬으면 된다.

초고를 완성한 사람과 완성하지 못한 사람의 차이는 크다. 둘은 분명하게 다르다. 극단적으로, 초고를 완성한 사람이 내용의 절반을 다시 써야 한다 해도 마찬가지다. 초고를 완성한 사람은 책을 완성하고 출간도 할 가능성이 높다. 하지만 그렇지 않은 사람에게는 그 기회마저 없다. 그러니 형식에 얽매이지 말고, 완성도에도 너무 집착하지 말고, 완성에 목표를 두고 작업해야 한다. 거기에 더해 집필계획서에 그날 쓴 집필 분량을 적으며 글을 쓰면 분명 완성할 수 있다. 초고는 완벽이 아닌 완성에 있다는 걸 발견해야 한다. 부담감을 줄이고 거침없이 써라. 이것이 초고를 완성하는 방법이다.

책쓰기 수업을 하며 놀라운 사실을 경험했다. 초고를 완성해낸 참여자들은 기간의 차이는 있지만 모두 원고를 계약하고 책을 출간했다!

발견 9

퇴고 :
숙성의
시간

0 1 4

다른 시선을 갖기 위한
휴식

—

초고 완성의 기준은 각자 나르다. 또한, 그 구분을 명확히 하려 해도 칼로 물 베기나 다름없다. 다만, 빠르고 거침없이 써라. 첫 번째 완성한 것이 아니라 두세 번 다시 보충하고 수정하며 작성한 것을 완성의 기준으로 생각하면 된다.

초고를 완성했다면 아마도 완성도를 떠나 무엇인가 성취했다는 뿌듯함이 밀려올 것이다. 특히 첫 책을 쓰는 저자라면 그 마음이 더 크다. 한 주제로 한 권 분량의 글을 썼다는 건 대단한 일이다. 이것은 초고를 완성해본 사람만이 알 수 있다.

이젠, 완성된 것을 살짝 숙성시키는 시간이 필요하다. 생각이 계속 한 주제에 집중되어 있었고, 그것을 글로 풀어냈기 때문에 약간 거리를 두어야 한다. 며칠이어도 좋고, 조금 길어도 상관없다. 기간을 두는 것은 매일 같은 사고로 글을 쓴 상황에서 벗어나 다른 시선으로 보려는 의도다. 쉬면서 나 자신에게 상을 주는 것도 좋다. 영화도 한 편 보고, 가까운 곳으로 여행을 다녀오면 어떨까. 나는 기획하기가 끝났을 때 잠깐 스스로 휴식을 제공한다. 일종의 보상 같은 것이다. 보상이라야 아내와 주말에 영화를 보는 것이다. 본문쓰기를 시작해서 초고가 끝나면 기획 때보다 조금 길게 휴식을 준다. 이때는 원고에 눈길조차 주지 않는다. 오히려 신경을 다른 곳으로 분산시키려 노력한다. 그렇게 하고 초고를 보아야 새로운 시각으로 접근할 수 있다.

나는 빠르게 초고를 써놓고 천천히 글을 고치는 경우가 많다. 거기에 더해 글을 쓰다 새롭게 떠오른 기획이 있으면 그것도 적용하려 노력한다. 나머지 세밀한 것은 퇴고할 때 하는 편이다.

_ 생각을 여러 번 고치고 다듬다

퇴고는 풀어 쓴 것을 다듬는 작업이다. 퓰리처의 말을 떠올리며 풀어진 글을 '더 짧고, 명료하게, 풍경이 그려지듯' 수정한다. 첫 퇴고는 자세하게 들어가지 않는 것이 좋다. 글의 큰 덩어리를 먼저 보는 게 좋다. 문장을 세세하게 고치는 것보다 글의 전개가 부담 없이 진행되고 있는가를 먼저 살핀다. 또, 더 추가할 것이 있는지도 생각해본다. 떠오르는 게 있으면 어디에 추가하면 좋을지도 생각해가며 첫 퇴고 작업을 한다.

보통 기획을 끝냈거나 초고를 쓰면서 출간을 의뢰하는 경우가 있다. 나는 될 수 있는 대로 초고를 완성하거나 퇴고를 한두 번 한 후에 투고를 한다. 두 방법에는 장단점이 있다. 첫 번째 기획이나 초고를 쓰는 단계에서 계약하면 출간이 확정된 상태에서 작업할 수 있는 장점이 있다. 단점은 원고를 완성해 놓지 않아 글이 생각처럼 써지지 않거나, 원고 마감기간이 다가오면 마음이 조급해져 제대로 쓸 수 없는 일이 생길 수 있다. 반면 원고를 완성하고 출간을 의뢰하는 경우에는 출판사와 계약 후 원고 다듬는 시간에 여유가 있다. 다만, 원고를 쓰는 동안 계약할 수 있을지 없을지 불안한 마음이 들기도 한다.

둘 중 어느 것을 선택해도 좋다. 정답은 없다. 원고 쓰는 것에 자신이 있다면 미리 출간을 의뢰해보는 것도 하나의 방법이다. 나는 계약이 될 책이면 되고 아니면 될 때까지 완성도를 높이자는 생각으로 초고 완성 후 투고를 한다. 조금 늦더라도 계약 때문에 조급해지거나 원고를 쓰는 데 영향을 받지 않는 것을 선호한다. 설사 좋은 결과가 나오지 않는다고 해도 원고를 완성했고 내 책의 첫 번째 독자인 내가 보았기 때문에 그것으로도 의미가 있다고 생각한다.

독자의 속도로
소리 내서 읽는다

퇴고할 때는 프린트를 해서 보는 게 좋다. 종이로 퇴고하는 것은 컴퓨터 화면 속 글을 보는 것과 다르다. e북으로 글을 읽다가 종이책을 보면 초점이 번지는 걸 느낄 수 있다. 컴퓨터 화면을 보면 더 확실히 알 수 있다.

프린트해서 보면 종이책을 보는 것 같은 효과가 있다. 종이가 주는 질감을 느끼며 수정할 수도 있다. 그러나 첫 퇴고부터 하지는 않아도 된다. 첫 퇴고는 크게 보면서 목차 전체를 옮기는 작업이 있을 수도 있고 사소하게 수정할 것이 많기 때문이다. 이때는 컴퓨터에서 작업하는 게 좋다. 그렇게 한두 번 수정하고 마무리를 할 때 프린트를 해서 보는 것이 좋다. 퇴고를 거듭하며 완성도가 높아갈수록 이 방법을 꼭 적용해봐야 한다.

"독자가 되어서, 독자가 읽는 속도로, 독자의 표현으로"

독서모임을 나가는데, 그곳에서 글쓰기도 하고 한 권의 책을 돌아가며 낭독하는 시간이 있다. 소리 내서 책을 읽으면 두세 번 읽었던 책인데도 새로운 것을 발견하게 되고, 느낌도 다르다. 묵독할 때 꼼꼼히 보았다 해도 마찬가지다. 통독은 눈으로만 보는 게 아니라 귀로 들을 수 있다. 읽는 사람의 억양과 글을 읽는 리듬도 느끼게 된다. 이렇듯 책을 소리 내서 읽으면 눈으로 읽는 묵독에서는 알지 못하는 것을 발견하게 된다. 통독은 퇴고 때 꼭 해보는 것이 좋다. 독자가 읽는 속도로 소리 내서 원고를 살펴보며 문장이 매끄럽지 않으면 고친다. 어느 부분에서 숨을 쉬어야 하는지, 잠깐 멈춰야 한다면 그 부분에 쉼표를 찍는다. 한 줄 띄우기 등을 통해 독자가 자연스럽게 읽을 수 있도록 고친다.

퇴고를 반복할수록 원고가 좋아진다. 기교를 부리기보다, 첫 퇴고는 나무를 보기 전 숲을 보는 것처럼 원고 전체를 보면서 한다. 그리고 두 번째 퇴고는 그보다 더 작은 부분까지 신경 쓰며 고친다. 그리고 세 번째 퇴고 때는 프린트물로 인쇄해서 소리 내서 읽으며 마무리하면 무난하다. 퇴고하는 방법은 많지만 변하지 않는 것은 '가다듬을수록 좋아진다'는 사실이다.

출간하기

작가는 원고로 말하고
편집자는 책으로 말한다

제 3 부

발견 10

출간제안서 :
심플이
생명이다

———

0 1 5

심플하게
요약하는 연습

—

퇴고를 마치면 이젠 출판사에 문을 두들길 차례다. 누군가 말한 '살 떨리는 시간'이다. 책쓰기의 원고를 완성했다면 당신은 이미 저자다. 시중에 출간되지 않는다고 해도 마찬가지다. 물론, 출간은 또 다른 의미가 있다. 독자가 당신이 쓴 책을 읽을 수 있기 때문이다.

한컴에서 작성한 백 페이지가 넘는 글을 출판사에 보냈다고 가정해보자. 과연 그것을 읽어줄 편집자가 있을지 의문이다. 잘 편집해서 읽기 좋게 배열해 놓은 것도 아니다. 내용이 좋아도 원고 한 편을 꼼꼼히 읽는다면 하루에 다 읽을 수 있을까? 빠르게 읽는다면 가능도 하겠지만 분량 때문에 쉽지 않다. 아니, 전체를 읽은 사람은 거의 없을 것이다. 주변 사람에게 원고를 주고 읽어보기를 부탁해보라. 단순하게 생각해보면 답이 나온다. 출판사 편집자가 당신의 원고만 기다리고 있는 것도 아니고 수많은 원고가 자신을 선택해달라고 기다리고 있다. 편집자의 처지에서 생각해보면 원고를 읽고 싶어도 시간이 없어서 못 읽을 것이다.

거두절미하고, 내 원고가 편집자 눈에 띄게 해야 한다. 원고 전체를 보고 싶은 마음이 들게 해야 한다. 그러기 위해서는 한 가지 방법밖에 없다. 심플한 출간제안서를 만들어야 한다. 출간제안서도 서문처럼 '본문을 덜컥 읽고 싶게' 작성해야 한다.
원고에 아무리 자신이 있다 해도 편집자가 읽어보지 않는다면 소용없다. 서점에 있는 독자만 바쁜 게 아니다. 편집자도 무척 바쁘다. 저자 입장에서 출간제안서를 작성하는 이유는 원고의 첫 독자인 편집자의 마음을 사로잡기 위해서다. 여기서 놓치지 말아야 할 것은 시선이다. 저자와 편집자가 원고를 바라보는 시선이 다르다. 편집자는 저자가 쓴 주제가 독자의 관심을 받을 수 있는가를 먼저 본다. 쉽게 말하면 팔릴 책인지 콘텐츠를 먼저 본다. 그리고 원고기획을 보고 그다음에 저자의 문장력을 본다. 그래서 출간제안서는 편집자의 시선에 맞게 작성해야 한다.
저자는 자신이 쓴 전체 원고에 편집자가 관심을 가질 수 있도록 어필을 해야 한다. 그렇다면 출간제안서 작성의 핵심은 무얼까? 이것을 발견하면 작성이 쉬워진다.

"출간제안서 = 심플"

출간제안서는 심플해야 한다. 간결함이 생명이다. 될 수 있는 대로 한 장에 적는 연습을 해보면 좋다. 목차나 서문을 제외하고 딱 한 장에 원고에 관해 핵심만 써놔도 전문가들은 바로 전체를 파악한다. 완성된 원고를 일목요연하게 설명하면서도 심플하면 편집자의 눈을 사로잡을 확률이 높아진다. 또한 원고 전체를 다 읽지 않아 잘못 인식할 수 있는 오류도 최소화할 수 있다.

출간제안서는 독자를 향해 쓰는 것이 아니다. 편집자를 향해 쓰는 것이다. 잊지 말아야 한다. 편집자는 출간제안서를 보는 순간, 판단을 거의 마친다. 이 책의 주제가 독자층이 있는가? 요즘의 트렌드에 맞는가?

'팔리는 책이다' 라는 확신이 들면 선택받는다.

출간제안서에
꼭 들어가야 할 내용

출간제안서는 편집자가 원고를 빠르게 이해하도록 작성해야 한다. 편집자가 '이 원고가 경쟁력이 있다'는 판단을 정확히 내릴 수 있는 방향으로 적어야 한다. 그렇다면 무엇을 적어야 하고, 우선순위는 어떻게 두어야 할까? 정해진 틀은 없다. 차별화될 수 있게 작성하면 된다. 다만 꼭 필요한 내용은 될 수 있는 대로 빠뜨리지 않고 적는 것이 좋다.

_제목

독자와 마찬가지로 편집자도 제목을 보고 필(feel)을 받으면 출간계약을 할 가능성이 커진다. 제목은 책 전체를 아우르는 제일 간결한 표현이니만큼 제안서 맨 위에 적는 것이 좋다. 이때, 부제가 있으면 함께 적는다.

_ 주제

이 책의 주제가 무엇인지? 책쓰기의 출발은 여기서부터이고 책을 쓴 의미가 담겨 있기 때문에 꼭 들어가야 한다.

_ 독자

저자는 책을 쓸 때 독자를 생각하며 글을 쓴다. 저자가 잡은 독자군과 편집자가 원고를 보며 생각하는 독자군이 다를 수도 있지만 타깃 독자를 구체적으로 적는 것이 좋다. 주제가 '독서법'이라면 두루뭉술하게 20~50대 남성이라고 적지 말고, 20, 30대 직장인이라고 적는 것이다. 더 세밀하게 적어도 좋다.

_ 책을 쓴 의도

내가 이 책을 왜 썼는지와 내가 쓴 책이 왜 세상에 나와야 하는지 책의 가치를 말해준다면 편집자가 더 잘 판단할 수 있다.

_ 목차

편집자는 기획의 전문가다. 책 구성이 어떻게 되어 있는지 목차를 보면 전체를 금방 파악한다. 목차는 책을 구성한 메시지와 기획을 한눈에 보여주니, 편집자 입장에서 책을 전체적으로 판단하는 데 유용한 자료다. 이때 원고 요약을 함께 해주면 좋다.

_ 서문

책 본문을 읽게 만드는 초대장이니 당연히 편집자가 눈여겨보는 부분이다. 서문을 읽은 편집자가 책의 본문을 읽고 싶다는 마음이 들면 합격이다. 서문 자체만으로도 편집자가 책 전체를 이해하는 데 유용한 자료가 된다.

_ 본문

원고 전체를 보낼 수도 있지만, 오히려 편집자를 힘들게 할 수도 있다. 본문을 이해할 수 있을 정도의 샘플 원고를 보내는 것이 좋다. 본문 전체 원고는 출간제안서를 보고 요청이 들어왔을 때 나중에 보내줘도 괜찮다. 샘플 원고의 분량은 어느 정도가 좋을지 공식은 없다. 다섯 꼭지 정도 분량이면 적당할 것 같다. 다만 원고 앞부분의 다섯 꼭지 보다는 중간중간 중요한 꼭지를 보내, 전체적으로 파악할 수 있게 해주는 게 더 좋다.

_ 저자의 프로필

경력이나 책에 어울리는 소개를 적어주어야 한다. 편집자는 저자 프로필을 통해 저자의 콘텐츠까지 한 번에 파악한다. 독자들은 대부분 책 표지를 본 후 그 나음으로 저자의 프로필을 본다. 그만큼 저자가 책과 어떤 관계가 있는지 궁금해 한다. 편집자도 마찬가지다. 정형화된 학력이나 경력 위주의 내용보다 원고와 잘 어울리는 내용으로 쓰는 게 좋다. 여러 책을 보며 저자들의 프로필을 참고하여 나만의 차별화된 내용으로 작성하면 된다.

_ 유사도서

내가 쓴 원고의 내용과 비슷한 책을 비교해주면 된다. 경쟁도서 라고도 표현할 수 있다.

_ 연락처

저자의 이름과 연락처가 없으면 출판사가 연락을 할 수 없다.

_ 기타

이 밖에 꼭 필요하다고 판단되는 부분은 다양하게 적어도 좋다. 책의 핵심 문장이나 홍보할 것을 적어도 좋다. 나머지 부분은 각 자 생각하는 차별화된 것을 간결하게 출간제안서에 넣으면 된 다. 핵심은 편집자가 내 원고를 정확히 파악하게 하고 내 원고가 경쟁력이 있다는 걸 알리는 것이다. 제안서가 독특하고 차별화 되면 좋다. 그리고 왜 이 출판사에 제안서를 보내는지 이유를 적 어도 좋다. 편집자가 저자의 의도를 더 명확히 알 수 있다.

투고 :
순간의
승부

———

0 1 6

출판사가 계약하지 않는
수많은 이유

출간제안서를 작성했으면 이젠, 마음이 두근두근한 투고를 할 차례다. 첫 책을 쓰는 동안 단계마다 넘어야 하는 벽처럼 느껴진다. 고생해서 출간제안서를 작성했는데, 막상 출판사의 문을 두드리려 하니 막막하다. 어디에 보내야 하는지도 모른다. 답은 책에 있다. 투고를 해본 사람은 출판사마다 주로 출간하는 책의 분야가 있다는 걸 알게 된다. 잘 모르겠다면 인터넷 서점에 들어가서 출판사를 검색해도 나온다. 출판사가 출간한 최근의 책들을 보면 유형이 나온다. 내 원고가 일상과 행복에 관한 에세이인데 엉뚱하게 과학서적을 전문으로 하는 곳에 투고하면 시간만 낭비하는 셈이다. 그러니 일단 내 원고와 비슷한 유형의 책을 출간한 출판사에 먼저 제안서를 보내보는 게 좋다.

얼마나 많은 곳에 의뢰를 해봐야 하는지도 기준은 없다. 내가 원하는 만큼 하면 된다. 다만 투고하고 마냥 기다릴 수는 없다. 1~2주 정도 지나도 소식이 없으면 다른 곳에 투고하면 무난하다. 한두 번 투고에 계약이 되면 얼마나 좋겠는가. 그러나 책 제작비로 자가용 한 대 값의 비용이 드는 문제다. 생각만큼 호락호락한 일이 아니다. 백 군데 넘게 투고를 해도 연락이 오지 않을 수도 있다. 그렇다고 포기할 필요 없다. 나의 원고를 알아주는 곳을 찾아 꾸준히 투고해야 한다.

출판사에서 연락이 오지 않으면, 기대감에 들떠 있다가 위축되기 마련이다. 첫 원고를 쓰고, 출간제안서 메일을 보내는 것만으로도 떨리는데, 1~2주 동안 나의 원고에 반응하는 출판사가 없으면 위축될 수밖에 없다. 담담하게 마음을 먹으려 해도 자꾸 내원고가 부족하다는 생각이 든다.

원고가 좋아도 출판사가 계약하지 못하는 이유는 많다. 출판사 사정에 의해 계약을 못 하는 경우도 있다. 만약, 진행중인 책이 많다면 아무리 좋은 원고를 봐도 반응을 할 수 없다. 또 많은 책을 출간하다 보니 자금이 모자라 원고를 외면할 수도 있다. 편집자 업무가 폭증해 원고 검토가 늦어질 수도 있다. 이처럼 출판사에서 연락이 오지 않는 이유는 굉장히 많다. 책이 이미 출간되었는데, 그 뒤 다른 출판사에서 연락이 온 적도 있다. 저자 입장에서는 몇 달을 고심하며 쓴 원고라 메일을 보내기만 하면 바로 연락이 올 것 같지만 그렇지 않다. 메일을 열어보지 않는 곳도 있고, 확인하고 아무 소식이 없는 곳도 있다. 편집자들은 원고의 바다에 떠 있는 사람들이다. 그러니 출간의뢰서를 심플하게 만들라는 것이다. 이유는 또 있다. 규모가 큰 출판사는 원고 검토에 시간이 오래 걸리기도 한다.

_ 순간에 선택된다

편집자가 출간제안서와 원고를 읽고 선택하는 시간은 얼마쯤 걸릴까? 당사자가 아니라 정확하게 말할 수는 없지만, 대부분은 순간일 것이다. 순간이라면 또 얼마쯤 될까? 제안서를 읽는 순간 거의 결정이 나지 않을까 생각한다. 5분, 10분이라고 말할 필요도 없다. '제목만 봐도 필이 온다!' 딱 이 정도가 아닐까.
책쓰기 수업을 할 때 참여자들도 좋은 제목을 보면 "와! 좋다!" 하며 즉시 반응을 보인다. 원고를 쓰는 예비 작가들도 바로 아는데, 편집자는 프로다. 그러니 피칭을 하고 편집자가 그 제안서를 보는 순간, 선택의 전쟁은 시작된다. 그러기에 더더욱 출간제안서는 심플하면서도 명료해야 한다. 주제나 독자층을 설명할 때도 될 수 있는 대로 간결하고 정확하게 표현해야 한다. 원고를 최대한 정제하고 편집자가 보는 순간 선택할 수 있게 작성해 보내야 한다. 편집자의 판단이 순간에 결정된다는 말은 보는 순간 거의 출간 여부를 판단한다는 말이기도 하다.

투고를 하고 1~2주 사이에 연락이 오면 얼마나 좋을까. 하지만 한두 달 출판사의 반응이 없을 수도 있다. 내가 쓴 원고가 경쟁력이 없나 보다 하며 기가 죽기도 한다. 이때가 중요하다. 어떻게 해야 할까? 딱 부러지는 해결책은 없지만 온 힘을 다해 쓴 원고를 포기하긴 이르다. 이때는 원고를 조금 다른 시선으로 바라보며 수정해보는 것도 방법이다. 기획을 조금 바꿔본다든지 독자층을 다르게 생각해본다든지 주제를 더 응축시킬 수 있는지 특히 제목을 다른 것으로 바꿔보는 것도 좋다. 다시 원고를 수정하고 출간제안서도 새로 작성해 투고하고 좋은 소식을 기다려보는 것이다.

_ 출간 계약을 할 때

투고를 하고 출판사에서 계약하자는 메일이 오거나 직접 연락이 오면 마음이 들뜨기 시작한다. 이때 투고할 때처럼 그 출판사에서 어떤 책을 출간해왔는지 보며 나에게 잘 맞는지 판단해보는 게 좋다. 만약 여러 출판사에서 한꺼번에 계약 제의가 들어왔다면 행복한 고민에 빠진다. 이때 첫 번째는 당연히 나를 지지해주고 관심을 많이 가져주는 편집자에 좌우된다. 그리고 두 번째로 특별히 판단이 서지 않는다면 그간 출간된 책을 보며 내 취향에 맞거나 좋은 책을 많이 출판한 곳을 선택하면 된다. 마지막으로, 계약서를 꼼꼼히 읽고 궁금한 것은 물어보고 계약을 하면 특별한 문제는 없다.

작가는 원고로 말하고,
편집자는 책으로 말한다

여러 어려움을 헤치고 출판사와 정식으로 계약하면 본격적으로 책을 만들 준비를 한다. 저자가 쓴 원고는 편집자의 손을 거쳐 책으로 만들어진다. 그 과정에서 편집자의 요청으로 원고를 보충하거나 수정하기도 한다. 편집자의 교정 작업과 책 표지 디자인 등 작업이 이루어진다. 이런 과정에서 과연 저자와 편집자는 어떤 관계인지 생각해본 적이 있다. 김학원 저,《편집이란 무엇인가》에 나오는 "저자는 원고로 말하고, 편집자는 책으로 말한다"라는 문장을 보고 격하게 고개를 끄덕였다.

출간계약을 하고 책으로 만드는 과정에서 저자는 최선을 다해 좋은 원고를 완성도 있게 해줄 의무가 있다. 편집자는 원고를 독자들이 읽고 싶게 좋은 책으로 만들어야 한다. 저사와 편십자는 무슨 관계일까? 나는 동행자라 생각한다. 저자가 책을 만드는 데 모든 것을 할 수 없다. 그러니 서로 협력하고 서로 보완해주며 시너지를 내야 하는 사이다. 계약 관계라기 보다 동행자라는 생각을 가져야 한다. 좋은 책을 독자에게 선물하기 위해 함께 힘을 합해 같은 방향으로 걸어가는 동행자다.

_ 작가의 손을 떠난 책은 온전히 독자의 책이다

책이 만들어졌다. 내 이름이 새겨진 세상에 유일한 책이 나왔다. 이때 작가는 두 가지 마음이 든다고 한다. 이외수의 《글쓰기의 공중부양》에 작가의 이중성에 관해 설명한 부분이 있다. "혼자만 읽고 싶기도 하고, 많은 사람이 읽었으면 좋겠다." 두 마음이 동시에 든다는 말이다.

내가 쓴 책이라도 독자에 손에 들리는 순간 그것은 작가의 것이 아니다. 온전히 독자의 해석에 따라 다른 책으로 다시 태어난다. 독자가 저자의 생각을 오해하지는 않을까? 다르게 해석하지는 않을까? 노심초사하는 사람도 있다. 하지만 그럴 필요 없다. 독자가 좋아하거나 비평을 하는 것을 받아들여야 한다. 작가의 손을 떠나 독자의 손에 들리는 순간, 그것은 독자의 책이다.

하루,
책 언제 써야 하나?

—

책쓰기 수업 때 보니 직장인들이 가장 힘들어하는 것은 '시간' 이었다. 야근이라도 하게 되면 온종일 글쓸 시간이 없다. 회식 이 있는 날은 빠지자니 눈치가 보이고 술이라도 한잔 마시면 다 음 날 숙취가 글쓰는 것을 방해한다. 휴일에는 아이들과 놀아주 어야 한다. 이런저런 주변 여건이 책쓰기에 영향을 준다. 그런데 재미난 사실은 일이 바쁜 사람이 의외로 원고를 완성하는 경우 가 많다는 것이다.

대부분 글을 쓰는 사람을 보면 하루 중 시간을 정해놓고 쓰는 사 람이 많다. 원고를 쓰는 것은 지속적인 작업이기 때문이다. 글 이 안 써진다고 해서 글쓰기를 포기하는 사람은 거의 없다. 써지 든 안 써지든 시간을 만들어 쓴다. 일이 있는 사람은 주로 아침 과 저녁 시간을 내서 쓸 수밖에 없다. 낮에는 업무를 봐야 한다.

전업 작가가 아닌 이상 자투리 시간을 내서 써야 한다. 그렇다면 언제 써야 한단 말인가?

일단 매일 써야 한다. 책을 쓰기로 하고 목차가 어느 정도 구성되면 그때부터 매일 글을 써야 한다. 이것 말고는 원고를 완성할 방법은 없다. 집필 분량을 매일 기록하는 것도 확인하기 위해서다. 기본은 매일 글을 쓰는 것이다. 단 한 줄을 쓴다 해도 매일 써야 한다. 분량을 채워야 하는 문제도 있지만, 매일 원고를 써야 글에 몰입할 수 있다. 처음 원고를 쓸 때는 각오를 앞세우지만, 시간이 지날수록 매일 쓰는 행동이 책쓰기에 몰입하게 한다.

일상에서 필요한 책쓰기 노하우 중 하나는 일상을 단조롭게 만드는 것이다. 하루를 기본으로 한다. 평일과 휴일의 구분도 없다. 하루, 잠에서 깨어난 새벽부터 잠드는 저녁까지, 이 시간 중 책쓰기를 언제 할 것인가? 하루 중 내가 글을 쓸 수 있는 시간을 찾아내는 것. 이것이 관건이다.

_ 새벽

가장 좋은 시간이다. 잠에서 깨어나 하루 중 에너지가 가장 많을 때다. 될 수 있는 대로 이때 글쓰는 것에 집중하면 좋다. 《익숙한 것과의 결별》을 쓴 구본형 작가도 새벽 4시부터 두 시간 동안 글을 썼다고 한다. 글도 힘이 있다. 나의 에너지가 충만할 때 글을 써야 좋다. 하루 중 놓치지 말아야 할 귀한 시간이다. 새벽시간은 누구의 간섭도 받지 않을 수 있다는 장점이 있다.

하루의 첫 시작을 책쓰기로 하면 매일 원고를 쓰는 일이 자연스러워진다. 책 읽는 것에 한창 빠져 있을 때가 있었는데, 독서를 할 때 이 방법을 적용해보았다. 아침에 눈뜨면 책을 펴고 한 장 이상 읽는 습관을 들인 것이다. 직접 해보면 알게 된다. 정신이 또렷하지 않은 상태에서도 하루의 첫 시작을 독서로 출발하면 그날은 거의 목표한 분량을 읽을 수 있다.

책쓰기도 마찬가지다. 글을 쓸 마음의 준비가 되고, 주위 여건도 되고, 시간도 넉넉하면 좋겠지만 현실에선 불가능하다. 일어나 글을 쓰는 것으로 하루를 출발하면 누구나 원고를 완성할 수 있다. 장담한다. 눈 뜨자마자 독서를 할 때, 하루 한 권의 책이 아니라 두세 권을 읽은 적도 많다. 그것도 한두 달이 아닌 1년 이상을 지속했다. 정신이 모두 책 읽는 것에 집중되어 있기 때문에 가능했다. 내가 하고 싶은 것을 눈을 뜨자마자 하려고 하면 전날 잠들기 전 무의식에서도 준비를 한다. 그러니 몰입은 당연히 더 잘 될 수밖에 없다. 매일 눈을 뜨고 하루의 시작을 글을 쓰는 것으로 한다면 강력한 책쓰기 방법이 되어줄 것이다. 지금 이 글도 새벽에 회사에 나와서 쓰고 있다.

_ 짬짬이

시간이 부족하다면 이 방법을 이용하지 않고 언제 글을 쓸 수 있단 말인가? 나의 자투리 시간을 찾고, 스마트폰과 인터넷 검색하는 시간을 원고 쓰는 것으로 대체한다면 충분하다. 점심시간도 좋다. 노트북이 힘들면 스마트폰에 쓰고 옮겨 적을 수도 있다. 한번 해보라. 짬짬이 쓸 수 있다면, 단 10분이 주어져도 글을 쓸 수 있다. 중요한 것은 이 작업을 반복적으로 경험하다 보면, 하지 말라고 해도 자발적으로 하게 된다는 것이다.

원고를 처음 쓰는 사람들은 10분, 20분 짬짬이 쓰는 방법을 탐탁지 않아 한다. 집중할 시간도 부족하고, 주변 여건도 마땅치 않다는 이유다. 글의 앞뒤 연결이 잘 안 될 수도 있다. 하지만 그러기에 주어진 환경에서 어떻게든 집중해서 글을 쓰려 한다는 장점이 있다.

커피 한잔 마시며 여유 있게 책을 쓰고 싶어 할 수도 있다. 그러나 과연 언제 그렇게 글을 쓸 수 있단 말인가? 나 또한 첫 책을 쓸 때 그랬다. 글쓰는 시간이 최소 한 시간 정도는 필요했다. 커피를 마시며 여유가 있을 때 글을 쓰려 했다. 하지만 현실에서 여유롭게 원고를 쓴다는 건 거의 불가능했다. 시간이 너무 모자라 틈틈이 기회만 생기면 썼기에 첫 책을 출간할 수 있었다. 새벽에 졸린 눈을 비비고 써보니 가능했다. 술자리를 줄이면서 쓰니 가능했다. 결국, 직장 다니면서 자투리 시간을 활용하면서 원고를 쓸 수 있는 것이 가능해졌다. 집에서는 아이들이 공부하면 그 옆에 앉아 글을 쓰니 원고를 완성할 수 있었다. 첫 책을 짬짬이 쓰지 않고는 답이 없다. 고상하게 글을 쓰고 싶지만 그런 방법은 아직도 모르겠다. 여건이 되면 틈틈이 글을 쓰는 게 강력한 책쓰기 방법이다.

_ 퇴근길 도서관에서

나는 글이 정 안 써지면 도서관에 가서 쓴다. 나에겐 효과가 좋다. 퇴근하고 집에 가는 길 중간에 시청 도서관이 있다. 도서관 한쪽 구석에 앉아 짧게는 30분, 길게는 1~2시간 정도 원고를 쓴다. 커피숍처럼 음악소리도 들려오지 않고 차 한 잔 마시며 쓸 수도 없다. 그런데도 이곳에 앉아 있으면 일상에서 벗어난 분위기 때문인지 더 글을 쓰게 된다. 이보다 좋은 책쓰기 장소를 찾기도 어렵다. 거기에 더해 퇴근길 피곤함이 묻어 있는데 잠깐 간이역처럼 이용할 수 있으니 금상첨화다.

집으로 가는 길, 낯선 장소에서 글을 쓰는 방법도 꼭 한번 해보기를 권한다. 도서관이 없으면 집 근처 찻집도 좋고 노트북을 켜고 앉아 있을 수 있는 곳이면 어디든 상관없다. 이 책도 초고의 절반 이상을 퇴근 후 도서관에서 썼다. 도서관은 손 닿는 곳에 자료도 많다. 자료 수집 뿐 아니라 영감도 만들어주는 고마운 공간이다. 초고를 완성하면 한 달 정도 쉬면서 도서관에 수시로 들를 생각이다. 책쓰기 관련 서적도 읽어볼 생각이다. 집에 가는 길에 도서관이 있다는 게 그저 감사할 뿐이다.

_ 저녁

끈기를 시험하는 시간이다. 일에 지쳐 집으로 돌아왔지만 집에서 해야 할 일도 있다. 아이들이 학교에 다니면 함께 놀아주기도 해야 한다. 다들 잠든 사이에 졸음을 참아가며 책쓰기를 하기가 쉽지 않다. 하지만 늦은 저녁시간은 피곤하긴 하지만 새벽만큼이나 혼자일 수 있는 시간이다.

나는 늦은 저녁에는 글을 쓰지 못한다. 체력이 떨어져 도무지 집중할 수가 없다. 스타일들이 모두 다르니 밤에 집중이 잘 된다면 이 시간을 이용해서라도 글을 쓰는 게 좋다. 모두 잠든 시간, 자판 두드리는 소리와 함께 글을 쓰는 일도 또 다른 매력이 있다.

_ 매일 한 꼭지

글을 쓰기 시작하면 나만의 하루 목표를 계획해야 좋다. 나는 매일 한 꼭지를 쓰는 걸 목표로 했다. 완성하면 완성해서 좋고, 그렇지 못하면 어떻게든 완성에 가깝게 억지로라도 쓰려고 했다. 매일 나의 한계를 넘으며 한 꼭지를 쓰는 것. 이것보다 더 좋은 방법을 아직 발견하지 못했다. 여러 권의 책을 출간한 저자라면 자신만의 책쓰는 노하우가 있을 것이다. 그들도 대부분 이 방법으로 쓴다.

"매일 한 꼭지의 글을 쓰다."

첫 책을 쓴다면 이 목표로 써보자. 어떤 하루는 그 분량을 채울 수도 있고, 또 어떤 하루는 시간을 많이 투자하고도 분량을 채우지 못할 수도 있다. 그래도 매일 한 꼭지를 쓰겠다는 목표로 기어이 그 큰 산을 넘어보는 것이다. 매일 뼈를 깎는 노력을 하면 계산상 2~3개월이면 원고를 완성할 수도 있다. 나만의 책을 쓰는 노하우를 하나씩 만들어보자. 그리고 매일 한 꼭지를 목표로 정진한다면 그 과정 자체로도 당신은 작가다.

하루에 한 꼭지 쓰기에 집중하면 원고는 완성할 수 있다. 결과가 좋으면 내 책을 출간하는 경험도 할 수 있다. 그러나 첫술에 배부를 수 없다.

첫 책쓰기를 하기 위해 기획하고, 본문을 완성하고, 투고를 하고, 출판까지 하는 과정에는 생각보다 많은 노력이 필요하다. 무슨 일이든 단번에 되는 일은 드물다. 그러나 도전하면 결국 넘어설 수 있다. 매일 글을 쓰며 하루하루 나 자신을 작가로 만들면 가능한 일이다.

내 이름으로 된 책을 손에 쥘 수 있게 해주는 유일한 방법은 바로 꾸준함이다.

책쓰기, 완성이 아닌
시작의 학문이다

책쓰기에 완성이 있을까? 책을 쓴다는 것은 한 저자의 유일한 경험을 담는 것이다. 그 경험은 삶에서 나온다. 책쓰기는 삶이고, 삶이 책쓰기란 도구로 표현된다. 과연 삶은 완성할 수 있는 것인가? 아마도 완성이 아닌, 그것에 가까이 다다르려는 매일의 행동에 있을 것이다.

원고를 완성해보는 것. 이것만으로도 첫 책쓰기를 하는 충분한 가치가 있다. 더 나아가 출판사와 계약을 하고 자신의 이름으로 된 책이 세상에 나오면, 그 기쁨은 말로 표현하기 힘들 정도로 좋을 것이다. 그러나 삶은 마음대로 되지 않는다. 걷다 넘어질 수도 있고, 쉬었다 갈 수도 있다. 글을 쓰고 내 책을 출간하는 일이 생각보다 오랜 시간이 걸릴 수도 있다. 책쓰기 수업에 참여하기 전부터 원고를 써온 한 참여자는 글을 쓰는 데 3년이 걸렸다고 했다. 그 긴 시간 동안 중간에 글쓰는 것을 멈추기도 했지만, 다시 결심하고 원고를 썼다. 몇 차례에 걸쳐 멈춤과 도전을 반복한 후에 그는 자신의 책을 출간할 수 있었다.

《엄마의 글공부》를 쓴 권귀현 작가는 블로그에 이런 짧은 글을 올렸다.

"문자 그대로다. 작가는 글쓰는 사람, 저자는 책 낸 사람이다. 그러므로 누구든지 작가가 될 수 있다. 하지만 그렇기에 아무나 작가가 될 수는 없다."

여기서 우리가 한번 생각해볼 것이 있다. 과연 꼭 책을 출간하는 게 중요한 것일까? 아니다. 책을 쓰는 것도 삶처럼 그 과정만으로도 충분한 의미가 있다. 그러니 남들보다 조금 늦다 해도 책쓰는 과정에 집중하며 포기하지 말고 써야 한다. 이러한 태도가 삶을 대하는 자세이고 책을 쓰는 자세일 것이다.

"책쓰기는 완성의 학문이 아니다. 책쓰기는 시작의 학문이고 과정의 학문이다"

책쓰기에서 결코 완벽한 완성이란 없다. 그것에 다다르려 노력할 뿐이다. 이것을 책쓰기를 하면서 발견해야 한다. 삶을 더 확장해주고 더 깊이 있게 들여다보게 해주는 것이 책쓰기다.

조약돌이 웅덩이에 떨어지면 파문을 일으키는 것처럼, 이 책을 읽고 '책, 쓰고 싶다. 따라 쓰고 싶다'는 마음이 들었으면 좋겠다. '내 책'을 한번 써보고 싶은 분들은 꼭 도전해보길 응원한다. 책쓰기에는 다양한 지식과 요령이 필요하지 않다. 내가 쓰고 싶은 것을 발견했을 때, 책쓰기는 시작된다. 원고를 채워가는 과정마다 막힌 문을 열어줄 열쇠를 발견할 때, 책쓰기는 가능해진다. 이 사실은 언제나 변함이 없다. 그러니 당신도 발견의 과정을 통해 거침없이 써보라.

"책쓰기는 발견이다."

♣

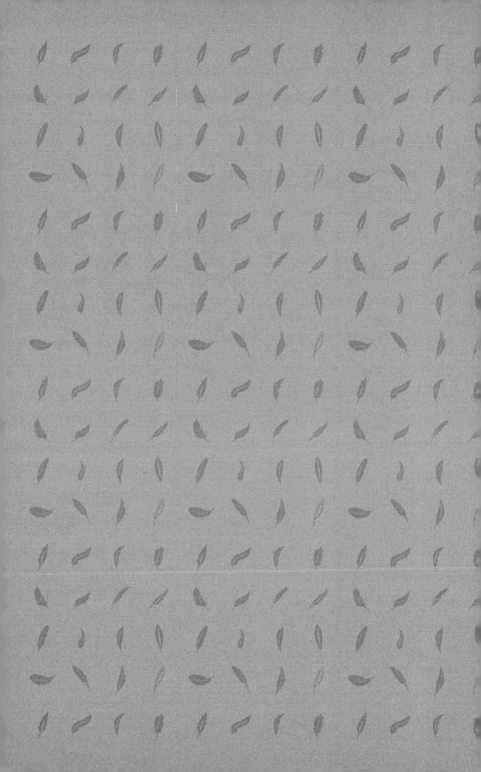